전화성의
스타트업 교과서

전화성의 스타트업 교과서

세상을 바꿀 집을 짓자

이콘

start
up

Pain을 모르면 폐인 된다

"어떤 아이템을 해야 창업에 성공할 수 있을까요?"

"창업을 하고 싶은데 막막합니다. 무엇을 어디서부터 어떻게 해야 할지…."

창업 강의를 할 때 사람들에게 가장 많이 받는 질문이다. 매일 아침 메일함을 열어보면 창업에 대한 고민이 담긴 메일들이 적게는 수 십 통에서 많게는 수 백 통씩 들어와 있다. 사람들마다 각자의 사연과 고민이 있고, 그 속엔 밤잠을 설쳐가며 고민한 흔적과 절박함도 묻어 있다. 이런 질문을 받을 때마다 역으로 묻는 질문이 있다.

"'이건 참 문제야. 이렇게 바뀌면 참 좋을 텐데…'라고 생각했던 것이 있습니까?"

"갑자기 생각이 잘 안 난다고요? 너무 거창하게 생각할 것 없어요. 그냥 요즘 자신을 가장 성가시게 하거나 불편하게 만드는 일을 떠올려보세요.”

이 질문이 의미하는 바가 무엇이냐고?

⟨No pain, No gain.⟩

위 속담은 우리가 잘 알고 있듯, '고통 없이는 얻는 것도 없다'라는 뜻을 가지고 있다. 여기서 고통^{Pain}이란 자기 자신과의 싸움을 의미하는데, 목표를 이루기 위해서는 고통스러울 만큼 피 나는 노력을 기울여야 한다는 것을 뜻한다.

그런데 이 속담은 창업 아이템을 찾는 핵심 비법으로도 설명할 수 있다. 이때의 Pain(고통)이란 앞에서 해석한 고통과는 대비되는 완전히 부정적인 감정으로 어떤 제품이나 서비스가 없어서 겪게 되는 불편함, 번거로움, 불만, 문제 등을 말한다. 더 멀리, 더 빠르게 가지 못해 불만인 사람들이 자동차, 기차, 비행기 등을 만들었듯이 우리 주변의 모든 것은 불편함이 낳은 발명품들의 총 집합이라고 할 수 있다. Pain이 없다면 창업 아이템도 있을 수 없으며, 우여곡절 끝에 창업을 했다고 해도 실패할 확률이 높다. 그러나 Pain을 정의하고, 그 고통을 없앨 수 있는 해결책을 제시할 수 있다면 그 창업은 절반의 성공은 한 셈이다. 실제 실리콘밸리에서는 이런 해결책을 제시한 상품을 두고 Painkiller(진통제)라고 부른다. 머리가 아플 때 돈이 얼마든 두통약을 사먹을 수밖에 없듯이, 사람들이 겪고 있는 문제를 해결할 수 있는 제품은 출시하자마자 큰 인기를 끌 가능성이 높다.

실제 창업에 성공한 사람들을 보더라도 사람들이 겪고 있는 고통, 불만의 소리에 귀를 기울이고, 그것을 사업화할 줄 아는 사람들이었다. 그 소리는 자신의 내면에서 나온 것일 수도 있고, 타인으로부터 전해들은 것일 수도 있다.

1976년, 스티브 잡스가 세계 최초의 개인용 컴퓨터 애플I을 개발한 것은 기존 컴퓨터에 대한 불만 때문이었다.

"컴퓨터가 크고 비싸니 불편하기 짝이 없군! 더 작게, 더 저렴하게 만든다면 누구라도 편하게 사용할 수 있을 텐데 말이야."

세계 최대 파일 공유 서비스 드롭박스의 CEO 드류 휴스턴도 기존의 저장 장치에 불편함을 느끼고 창업을 했다.

"매번 USB나 외장하드를 들고 다니는 건 매우 번거로운 일이야. 깜빡하고 안 들고 오거나, 잃어버리기라도 하면 큰일이잖아? 다른 기술로 이 문제를 해결할 순 없을까?"

네이버 창업자 이해진 의장이 '지식인'을 네이버의 대표 서비스로 내건 것도 인터넷 초창기에 포털 사이트들의 한글 검색 능력이 하나같이 뒤떨어졌기 때문이다.

"기존의 검색 포털들은 한글 DB가 너무 부족해서 검색 결과가 불만족스러워. 정말 궁금한 것들은 검색해도 찾을 수가 없고. 뭔가 새로운 게 필요해."

중국 스마트폰 제조업체 샤오미 설립자 레이 준은 기존 스마트폰의 하드웨어와 소프트웨어 시스템에 불만을 가졌다.

"기존 스마트폰은 너무 비싸고, 우리 중국인들에게 최적화되어 있지 않아. 가격에 거품을 빼고, 자체 OS를 만들어서 중국인들에게 최적화된 스마트폰을 만들자."

너무 거창한 사례만 들어서 위축됐다면, 다음 사례는 어떤가. 작년 동국대학교에서 진행했던 창업 수업을 듣고 실제 창업을 한 학생의 이야기다. 그 학생은 용돈벌이로 시간이 날 때마다 입시학원에서 시험지 채점 아르바이트를 했는데, 여기서 굉장히 불편하고 비효율적인 문제를 발견했다. 아르바이트를 하려면 일단 학원에 가서 시험지를 한 뭉텅이 무겁게 받아와야 했고, 그것을 집으로 가지고 가서 채점을 한 다음, 다시 학원에 가져다줘야 했다. 시험지의 양이 많아서 들고 다니는 것도 힘들었고, 학원과 집을 오가는 시간이 오래 걸린다는 것 또한 채점 아르바이트생들의 고충이었다. 그 학생은 자신의 경험을 토대로 창업 아이템을 짜기 시작했는데, 온라인으로 시험지를 공유하고 채점을 할 수 있는 플랫폼을 만들어 학원 측에 제안을 했다. 학원에서도 이 플랫폼을 쓰면 아르바이트생들을 관리하기가 수월해지고, 학생들의 성적을 데이터베이스화 시켜서 효율적으로 관리할 수 있는 등 여러 가지 장점이 있으니 분명 좋아할 것이라 생각했다. 결과는 그의 예상대로였다.

창업을 생각하고 있다면 그 이유가 무엇인가? 직장생활 스트레스 때문에? 늦기 전에 '내 일'을 해보고 싶어서? 큰돈을 벌고 싶어서? 기막힌 아이템이 있어서? 넘치는 열정을 주체하지 못해서? 한시라도 젊을 때 뭔가를 해보고 싶어서? 단언컨대 'Pain'에 대한 고민 없이 뛰어든 창업은 '페인'이 되는 지름길이다. 그렇다고 창업을 너무 거창한 것으로 생각하고 지레 겁먹지 않길 바란다. 일상에 대한 작은 관심, 즉 나 자신이, 내 친구가, 주변의 누군가가 겪고 있는 불편함이 무엇일까 찬찬히 들여다보는 것이 그 시작이다. 사실 우리는 알게 모르게 한 가지 이상의 불편함을 감수하면서 살아가고 있다. "지금 이 방식은 굉장히 불편해. 이것이 과연 최선일까? 좀 더 편하게 바꿀 수는 없을까?"라고 생각한 적이 있다면 당신은 이미 창업 아이디어를 가지고 있는 잠재적 벤처 CEO라고 할 수 있다. 지금부터 해야 할 일은 아이디어를 좀 더 갈고 닦아서 행동으로 옮기는 일이다. 이 책은 그 실천 방안을 소개하는 책이다. 만약 그런 생각을 가지고 있지 않아도 좋다. 아이디어를 생각해내는 방법까지 소개할 테니 말이다.

1장
불만이 세상을 바꾼다

세상에 불만이 많다는 것은 이를 해결할 기회가 있다는 것을 뜻한다. 미래의 기업가는 불평하는 사람이 아닌, 이 불만들을 해결하려고 노력하는 사람들 가운데 나올 것이다. 불만이 많은 시대야말로 기업가 정신이 빛을 발할 기회다. — 알리바바 마윈 회장 —

기회는 항상 불평하는 곳에 있다

우리가 살고 있는 세상은 불만을 통해 발전해왔다. 정확히 말하면, 불만을 해소하기 위해 적극적으로 노력했기 때문에 인류 문명이 지속적으로 발전해왔다는 것이다. 구석기 시대만 해도 인류는 손으로 풀잎이나 벌레, 식물 등을 채집하며 살았다. 그런데 이러한 생활에는 여러 모로 불편한 점이 많았다. 일단 손으로 채집 활동을 하다 보니 상처도 쉽게 났고, 맨손으로는 큰 동물을 사냥할 수가 없어 열매, 뿌리, 버섯과 같은 것만 먹고 살아야 했던 것이다. 누군가는 '어쩔 수 없지, 이게 최선인 걸', '지금도 충분해'라고 생각했지만, 또 다른 누군가는 이런 생활 방식에 불만을 가졌다. '매일 이런 풀 쪼가리만 먹으니 너무 배고파. 도대체 어떻게 버티란 거야?'라고 말이다. 그리고 이 불만을 해결하기 위해 찾은 것이 '도구'였다. 처음에는 주변에서 쉽게 구할 수 있는 돌과 막대기를 사용했지만, 시간이 지날수록 도구는 점차 진화된 모습을 갖추어 나갔다. 그와 동시에 삶의 수준도 나날이 높아졌다. 만약 인류가 자신들이 처한 상황에 문제의식을 가지지 않았다면, 극단적으로 우리는 여전히 채집활동을 하면서 동굴 속에서 살고 있을지도 모른다.

근대에 이르러 발명된 전구, 자동차, 전화기, 비행기 등도 마찬가지로 일상 속의 불만을 해소하기 위해 만들어졌다. 어두운 것이 불만이었던 사람이 전구를 만들었고, 먼 곳까지 더 빠르게 가지 못하는 것이 불만이었던 사람이 자동차를 만들었다.

이러한 인류 문명의 발전은 비단 도구의 영역에서만 그치지 않는다. 사회 제도에 대한 불만도 역사의 중요한 변화를 이끌어왔다. 노예제도에 대한 불만이 노예제도를 폐지시켰으며, 여성에게 투표권이 주어지지 않는 것에 대한 불만이 여성 투표권의 획득으로 이어졌으며, 인종차별에 대한 불만이 인종차별정책의 폐지로 이어졌다. 이렇게 보면, '불만'이야말로 창조의 진정한 어머니가 아닐까 싶다. 인류의 모든 역사를 하나씩 하나씩 되짚어보면 불만을 가진 사람들이 세상의 변화와 발전을 주도해왔고, 세상을 보다 살기 좋게, 그리고 편하게 만들었기 때문이다.

회사에서 유독 빠르게 승진하는 사람들, 창업에 성공한 사람들도 똑같다. 그들은 늘 "지금 이 방식은 굉장히 불편하고 문제가 있어", "이게 정말 최선일까? 다른 방법은 없을까?"라고 생각하며, 불평 속에서 또 다른 기회를 찾는다.

일본의 생활용품업체 라이온Lion의 가토 신조는 말단사원에서 회장

직까지 오른 입지전적의 인물이다. 그의 인생이 이렇게 승승장구할 수 있었던 이유 또한 '불만'을 기회로 활용할 줄 알았기 때문이다. 마케팅 부서의 직원이었던 그는 칫솔 판매가 부진해 고민에 빠져 있었다. 그러던 어느 날, 양치질을 할 때마다 잇몸에서 피가 난다는 사실에 주목했다. 평소엔 건강하던 잇몸이 양치질만 하고나면 문제가 생기니, 당연히 그 원인은 칫솔에 있다고 보았다.

"칫솔이 왜 이 따위야? 이렇게 만드니까 안 팔리지!!"

그는 짜증이 머리끝까지 났지만, 그 순간 언젠가 회사 교육 프로그램에서 들었던 말이 생각났다.

'기회는 항상 불평하는 곳에 있다. 어떤 문제 속에는 반드시 그것을 해결할 수 있는 방법들이 어떤 방식으로든 숨어 있다.'

가토 신조는 다시 마음을 고쳐먹고, 자신이 직접 칫솔의 문제점을 해결해보기로 했다. 어쩌면 이것이야말로 능력을 인정받을 수 있는 절호의 기회였기 때문이다. 그때부터 칫솔 연구를 시작했고, 오랜 연구 끝에 칫솔에 숨겨진 근본적인 문제점을 찾을 수 있었다. 공장에서 기계로 칫솔모를 자를 때 칫솔모의 끝이 날카롭게 잘려지는 것이 원인이었다. 그의 발견 덕분에 회사는 칫솔모 끝을 둥글게 만들기 시작했고, 그 제품은 출시와 동시에 선풍적인 인기를 끌었다. 그 일로 인해 가토 신조는 곧바로 사원에서 팀장으로 승진했고, 그 이후에도 불만이나 문제가 생길 때마다 '문제 해결사'를 자처하며 크고 작은 문제들을 해결해나갔다.

시리얼로 유명한 켈로그Kellogg의 역사도 불만에서 시작됐다. 창립자 윌 키스 켈로그Will Keith Kellogg는 미국에 있는 작은 도시의 한 병원에서 25년 동안 잡역부로 근무하면서 입원 환자들의 급식까지 책임졌다. 그러던 중 환자들로부터 병원에서 주는 빵을 먹으면 속이 불편하다는 불만을 듣게 됐다. 한두 명이 아니라 다수의 환자들이 지속적으로 불만을 제기해오자, 켈로그는 빵을 대신할 다른 무언가를 찾아야겠다는 생각을 했다. 그때 그는 속이 더부룩해지는 이유가 빵 속에 있는 이스트 때문일지도 모른다고 생각했고, 이스트가 없는 대용식을 직접 만들어보기로 했다. 몇 개월간 지속되는 연구와 실험 끝에 마침내 시리얼을 만들어냈고, 효과가 제법 좋아 환자들로부터 큰 인기를 얻었다. 환자들은 퇴원하고 나서도 계속해서 시리얼을 우편으로 주문해서 먹었고, 그러다 점차 일반인들도 부담 없이 간편히 먹을 수 있는 아침 식사로 시리얼을 찾기 시작했다. 이를 바탕으로 켈로그는 세계적인 기업으로 발돋움했으며, 현재는 100년이 넘는 역사를 자랑하고 있다.

모바일 차량예약 서비스인 우버Uber의 창업자 트레비스 칼라닉Travis Kalanick은 자신의 불만을 해결하기 위해 창업에 뛰어든 경우다. 2008년 파리에 방문했던 그는 택시가 좀처럼 잡히지 않아서 머무는 내내 불편을 겪어야 했다. 택시가 잡히지 않아 길에서 허비하는 시간이 30분 이상 되자, 슬슬 화가 치밀어 오르기 시작했다. 그때 그는 택시 문제가 혼자만 겪는 문제는 아니며, 다른 사람들도 똑같이 겪고 있다는 사실에 주목했다. 그렇게 만든 것이 개인 차량 운전자와 승객을 스마트폰을 통해 연결시켜주는 우버 앱이었다. 자신이 있는 위치에서 목적지를 입력하면, 가까운 거리에 있는 운전자가 자신의 차로 일정 금액을 받고 태워주는 것이다. 우버 앱은 출시 후 전 세계 55개국으로 확산될 만큼 선풍적인 인기를 끌었고, 기존의 택시 업계가 위협을 느낄 만큼 성장 속도도 매우 가팔랐다. 특히 우리나라에 우버 서비스가 도입됐을 때 유독 큰 호응을 얻은 것은 늦은 밤 택시의 승차 거부 때문에 불만을 품었던 사람들이 그만큼 많았기 때문일 것이다. 사람들이 강하게 불만을 품고 있는 문제를 해결할수록 성공 가능성이 높은 이유다.

모바일 결제 스타트업 스퀘어Square의 창업자 짐 매켈비Jim McKelvey가 사업을 시작하게 된 계기도 위 사례들과 다르지 않다. 스퀘어를 창업하기 전 매켈비는 유리 세공품을 팔아 생계를 꾸려나가는 소상공인이었다. 그러던 어느 날, 신용카드를 결제할 단말기가 없어 큰 규모의 거래를 놓치고 말았다. 사실 그동안 그를 포함해 여러 소상공인들은 신용카드 결제 단말기가 필요하다는 것에 공감은 하고 있었지만, 가격이 너무 비싸서 마련하지 못하고 있었다. 짐 매켈비는 이 사건을 계기로 그동안 품어왔던 불만을 직접 해결해보기로 결심했다. 소형 단말기를 스마트폰 이어폰 단자에 연결시키고 앱을 실행시키면 결제가 가능하도록 모바일 결제 시스템을 만든 것이다. 저렴하고 간단한 방식으로 신용카드 결제가 가능해지자, 그동안 비싼 가격 때문에 신용카드 결제 단말기를 마련하지 못했던 소상공인들은 뛸 듯이 기뻐했다.

사실 빵을 먹다가 속이 불편했던 경험, 택시를 잡다가 짜증이 폭발했던 경험은 누구나 한 번쯤 겪어본 일이다. 하지만 보통은 "아, 정말 짜증나!!"라고 불만을 토로하는데서 그치거나, "누가 이런 것 좀 안 바꿔주나?"라며 다른 누군가가 획기적인 해결책을 내놓길 기대한다. 하지만 기업가의 자질을 가지고 있는 사람들은 다르다. 문제를 해결할 '영광'을 타인이 아닌 자신에게 부여한다. 자신이 발견한 문제를 결코 그냥 흘려보내지 않으며, 그것을 해결할 방법을 끝끝내 찾고야 만다.

세상에 불편한 것, 불만스러운 것들은 차고 넘칠 만큼 많지만, 결국 중요한 것은 그 불만들을 어떻게 바라볼 것이냐다. 불만을 품고 살 것인지, 누군가에게 하소연하는데 그칠 것인지, 아니면 기회로 활용해 바꿀 것인지. 선택은 자신에게 있다. 중국 최대 전자상거래 업체인 알리바바의 마윈 회장은 다음과 같이 말했다.

"미래의 기업가는 불평하는 사람이 아닌, 이 불만을 해결하려는 사람들 가운데서 나올 것이다."

생각해보면 우리는 모두 마음속에 하나 이상의 불만을 품으며 살아가고 있다. 오늘 당신을 성가시게 만든 것이 무엇인가? 요즘 가장 불만스럽게 생각하는 것이 있다면 무엇인가? 꼭 바뀌었으면 좋겠다고 바라는 것이 있다면 무엇인가? 여기에 대한 답을 할 수 있다면, 이미 창업 아이템에 대한 아이디어를 가지고 있는 것이다. 어쩌면 그 불만을 해결할 방법까지 어렴풋이 알고 있을지도 모른다. 하지만 귀찮다는 핑계로,

혹은 용기가 부족해 행동에 옮기지 못하는 사람들도 있을 것이다. 그러나 이제 우리는 안다. 세상은 위대한 사람이 바꾸어온 것이 아니라, 작은 불만이라도 흘려보내지 않고, 좀 더 나은 방법을 찾기 위해 시도한 사람이 바꾸어왔다는 것을. 그리고 그 주인공은 누구라도 될 수 있다는 것을 말이다.

꼭 저래야만
할까?

여러분 앞에 지금 이쑤시개 다섯 개가 있다고 생각해보자. 그것으로 '원'을 만들라는 주문을 받았다면, 어떻게 만들 것인가?

실제 여러 명에게 실험을 해보았더니 다양한 반응들이 나왔다. 어떻게든 이쑤시개를 구부려서 원을 만들려는 사람, 오각형을 만들어놓고 멘붕에 빠진 사람, 원은 도저히 불가능하다고 포기하는 사람 등…. 정말 이쑤시개 다섯 개로 원을 만드는 것은 불가능한 일일까? 문제 자체가 억지라고 생각하는가?

답은 위와 같이 화폐 단위 '원'을 만들면 해결된다. 흔히 '원'이라고 하면, 열 명 중 아홉 명은 둥근 모양의 '구球'를 떠올린다. 하지만 머릿속에 둥근 모양을 떠올린 채로 원을 만들려고 하면, 절대 만들 수가 없다. 직선 형태의 이쑤시개로는 어떻게 만들든 각이 생길 수밖에 없기 때문이다. 화폐 단위 '원'을 만들지 못한 사람은 '원은 둥근 것이다'라고 스스로 고정관념을 만들었기 때문에 함정에 빠진 것이다. 하지만 조금 다른 관점에서 원을 해석하니, 어이없게도 아주 쉽게 답이 풀린다.

고정관념은 특히 기업가들이 배척해야 할 최대의 적이다. 이쑤시개의 사례에서 보듯, 고정관념은 생각의 발전과 확장을 막고, 새로운 가능성의 존재를 원천적으로 차단해버리기 때문이다. 하지만 혁신가들은 이러한 고정관념에 얽매이지 않고 문제를 매우 자유롭고 유연하게 바라본다. 다르게 표현하면, 대부분의 사람들이 의심 없이 자연스럽게 받아들이는 것, 불편한 기색 없이 받아들이는 것을 그들은 아주 불편하게, 또 불만스럽게 생각한다. "저건 꼭 저래야만 하는 걸까?", "다른 방식으로 생각할 순 없을까?"라고 스스로에게 끊임없이 질문하면서 말이다. 어떻게 보면 '삐딱 정신'이 투철한 사람이라고도 볼 수 있다.

스마트폰의 시초로 불리는 아이폰을 만든 애플의 스티브 잡스Steve Jobs는 혁신의 아이콘으로 대표되는 인물이다. 그는 음악을 듣고, 메일을 보내고, 인터넷 서핑을 하고, 전화를 하고, 문자를 보내기 위해 서로 다른 기계를 사용하는 것을 굉장히 불만스럽게 여겼다. 대부분의 사람들은 MP3, 컴퓨터, 휴대폰이란 제품이 각각 존재하는 것만으로도 만족했지만, 잡스는 그렇지 않았다. 정말 MP3, 컴퓨터, 휴대폰의 기능이 따로 떨어져야만 하는 걸까? 하나의 기계에서 구현되도록 하는 것은 허무맹랑하고 불가능한 일일까? 이 문제를 풀 수 있는 방법에 대해 연구하기 시작했고, 마침내 아이폰을 탄생시켰다.

영국에서 가장 혁신적인 기업으로 손꼽히는 다이슨Dyson의 설립자 제임스 다이슨James Dyson은 영국의 스티브 잡스로 불리는 인물이다. 그는 어릴 때부터 당연해 보이는 불편을 참지 못했고, 그것을 어떻게든 해결해야 직성이 풀리는 성격이었다. 실제 그가 살았던 시대에는 아주 오랫동안 진공청소기에 먼지봉투를 달아서 사용하고 있었다. 사람들은 그것을 매우 당연하게 여겼지만, 다이슨은 그 원리에 대해 의문을 품었다. 먼지봉투를 단 청소기는 그다지 성능이 좋지 못했기 때문이다. 그리고 1984년, 5년의 연구 끝에 세계 최초로 원심력을 이용해 먼지와 공기를 분리해내는 싸이클론 기술을 적용한 '먼지봉투 없는 진공청소기'를 개발해 업계를 발칵 뒤집어놓았다. 무려 5,126번의 시행착오 끝에 나온 결실이었다.

다이슨의 혁신은 여기서 멈추지 않았다. 2009년엔 가운데가 뻥 뚫린

날개 없는 선풍기를 출시해 가전업계에 혁명을 불러일으켰다. 나 또한 이 선풍기가 처음 나왔을 땐 매우 충격을 받았다. 선풍기에 날개가 없다니, 상상도 못했던 일이었기 때문이다. 날개는 당연히 존재해야 하는 것이고, 날개가 돌아감으로써 바람을 일으킨다는 것은 선풍기의 절대 진리이자 원리라고 생각했다. 하지만 이것은 우리가 그동안 아무 의심 없이 받아들이고 있었던 잘못된 고정관념이었다. 다이슨은 일찍이 이 사실에 불만을 품고 있었고, 완전히 새로운 개념의 선풍기를 선보이며 기존 시장에 도전장을 내밀었다. 덕분에 현재 다이슨 청소기는 영국에선 청소기의 대명사로 통하고 있고, 날개 없는 선풍기는 전 세계적인 히트 상품으로 자리매김할 만큼 큰 성공을 거뒀다.

또 다른 사례로 미국의 유명한 클라우드 펀딩 사이트 킥스타터Kick Starter에서 화제를 모았던 '쿨리스트 쿨러Coolest cooler'라는 아이스박스가 있다. 보통 아이스박스라고 하면 음식이나 음료수 등을 차갑게 유지, 보관하는 보관함으로 생각한다. 어찌 보면 '아이스박스'라는 이름 자체에서부터 우리는 보냉 이상의 기능을 생각할 수 없었을지도 모른다. 하지만 쿨리스트 쿨러 개발자들은 새로운 관점에서 아이스박스를 바라봤다. '캠핑 갈 때 필요한 것이 담겨 있는 상자'라는 관점으로 재해석한 것이다. 그리고는 쿨리스트 쿨러에 믹서기를 비롯해 블루투스 방수 스피커, 병따개, USB 충전포트, LED 손전등, 도마, 접시를 넣을 수 있는 공간을 만들어 새로운 개념의 최첨단 아이스박스를 만들었다.

시대가 변하고 사람들의 생활 방식이 달라지면서 덩달아 같이 달라져야 할 것들이 있지만, 그렇지 못한 채 남아있는 구시대적 산물들이 있다. 쿨리스트 쿨러 개발자들은 휴대폰 등 다른 모든 도구들은 엄청난 발전을 이루고 있는데, 아이스박스는 왜 계속 같은 형태를 유지하고 있는지, 음식을 차갑게 하는 기능, 말 그대로 아이스박스 이상의 역할을 하지 못하는지 의구심을 품었다. 마치 스티브 잡스가 MP3, 컴퓨터, 휴대폰의 기능이 따로 떨어져있어야 하는지에 대해 의문을 품었듯이 말이다. 그렇게 만들어진 쿨리스트 쿨러는 시장에 정식으로 출시되기도 전에 5만 명 이상이 사전 예약을 하는 등 어마어마한 인기를 끌기도 했다.

사실 어떻게 보면, 고정관념이 나쁘다는 것도 고정관념이다. 고정관념의 순기능도 분명 있기 때문이다. 기존의 방식대로 일을 처리하면 실패의 위험도 줄어들고, 일의 효율성이 높아지기도 한다. 상사가 어떤 일을 시켰다고 가정해보자. 그 일을 잘 처리할 수 있는 방법은 그동안 사람들이 처리했던 방식과 자료 등을 참고하는 것이다. 훌륭하다고 칭찬받지는 못하더라도 욕먹을 위험은 줄일 수 있다. 적어도 평타는 친다. 그러나 이런 행동들이 반복된다고 생각해보자. 그 조직을 두고 발전적이고 성장 가능성이 큰 곳이라고 할 수 있을까? 고정관념이 가져다주는 안이함에 갇혀 있기만 해서는 절대 큰일을 도모할 수 없으며, 그 물은 얼마 지나지 않아 썩어버리고 말 것이다. 새로운 생각을 하지 않음으로써 새로운 가능성을 차단해버리고, 그로 인해 비효율적인 일을 계속 비효율적으로 처리하는 사례도 비일비재하게 일어난다. 일본 최대 자동차 기업인 도요타에서는 5Why 기법을 도입해 이런 부작용을 막고자 했다. 어떤 문제가 있다면, 거기에 대해 적어도 다섯 번 '왜'라고 질문을 던져보라는 것이다.

1. 왜 그런가?
2. 이 정도로 괜찮은가?
3. 무언가 빠뜨린 것은 없는가?
4. 당연하게 생각하는 것들이 정말 당연한 것인가?
5. 좀 더 좋은, 다른 방법은 없는가?

이렇게 질문을 하다 보면, 문제를 다양한 관점에서 바라볼 수 있게 되고, 그동안 당연하게 생각했던 것들이 당연하지 않다는 것을 깨달을 수 있으며, 문제에 대한 근본적이고 창의적인 해결책을 찾을 수 있다는 논리다. 그러나 새로운 방식을 생각하는 것은 머리가 지끈지끈, 뇌가 불편해지는 일이기도 하다. '왜'라고 질문을 던져 새로운 아이디어를 떠올리는 것 자체가 기존의 상식, 권위 등에 도전장을 내미는 것이기 때문이다. 그것을 감내하려 할 때, 비로소 새로운 것을 탄생시킬 수 있다. 다이슨이 먼지봉투 없는 진공청소기를 개발할 때 주위 사람들은 "그게 가능했다면 세계 최대 청소기 업체인 후버에서 진작에 내놓았겠지"라고 그의 도전을 만류했다. 하지만 다이슨은 굴복하지 않았고, 5,000번이 넘는 실패에도 '이것은 불가능하다'라고 단정 짓지 않았다. 그는 정확히 5,126번 기존의 고정관념들과 싸웠고, 마침내 승리를 이뤄냈다. 앞서 Pain 없이는 창업도 없다고 얘기했다. 여기서 Pain은 '문제'의 발견을 의미하기도 하지만, 그것을 해결해나는 동안 창업자가 겪어야 할 '인내 시간'을 의미하기도 한다.

우리는 지금부터 어떤 사물이든, 어떤 현상이든 조금 비틀어볼 필요가 있다. 의심 없이 무조건적으로 받아들일 것이 아니라, '꼭 저래야 할까?'라고 생각해보는 것이다. 따지고 보면 어떤 것이든 '원래 그런' 것은 없다. 자신이 어떤 시각으로 바라보고, 어떤 의미를 부여하느냐에 따라 충분히 달라질 수 있는 것들이다. 스티브 잡스는 '휴대폰은 전화와 문자를 하기 위해 존재한다'는 상식에 도전했고, 제임스 다이슨은 '진공청소기에는 먼지 봉투가 필요하다'는 상식에 도전했으며, 쿨리스트 쿨러 창업자들은 '아이스박스는 음식을 시원하게 만들기 위한 것이다'라는 상식에 도전했다.

무엇을 아무리 얇게 베어낸다 해도 언제나 양면이 있을 수밖에 없듯이, 아무리 완벽해 보이는 것이라도 그 속엔 언제나, 어떤 방식으로든 허점이 있기 마련이다. 그 틈새를 파고드는 것이 새로움, 그리고 혁신의 시작이다. 세계적인 경영학자 짐 콜린스^{Jim Collins}가 그의 책《GOOD TO GREAT》에서 "좋은 것은 위대한 것의 적이다.^{Good is the enemy of great.}"라고 말했듯, 혁신가들은 '더 좋은 것'을 얻기 위해 때때로 '지금도 충분히 좋은 것'을 포기할 줄도 아는 사람들이었다.

까짓것
한 번 해보자

앞의 이야기들을 다시 한 번 정리해보자. 세상은 지금까지 불만을 가진 사람들이 바꾸어왔다. 그들은 자기 자신이 겪고 있는, 혹은 다른 사람들이 가지고 있는 불평불만에 관심이 많았고, 그것을 해결하기 위해 노력하는 사람들이었다. 때때로 그들은 다른 사람들이 전혀 불편하게 생각하지 않는 것에 대해서도 '꼭 저래야만 할까?'라는 의문을 품으며, 불편한 마음을 감추지 못했다.

> Why? → What if → Why not?

변화를 만든 사람들의 공통된 행동패턴은 다시 세 가지로 요약할 수 있다. 어떤 불편(고통)을 발견했을 때, 첫 번째로 '왜 그래야 하는지' 문제의식을 갖고 살펴보는 것이다. 두 번째로는 그 문제를 다각도로 살펴보면서 '이렇게 해보면 어떨까', '저렇게 해보면 어떨까' 생각한다. 그리고 그 속에서 가장 좋은 해결책을 찾아낸다. 마지막으로는 행동에 옮기는 것이다. 이것이 매우 중요한데, 그 어떤 위대한 생각도 '생각하는 것'에만 그쳤다면 절대 세상을 바꿀 수 없었을 것이다. 그들은 '안 될 게 뭐 있어?', '까짓것 한 번 해보자'고 결심한 뒤, 망설임 없이 행동에 옮긴다.

다이슨의 사례로 다시 돌아가 보자. 그가 먼지봉투 없는 진공청소기를 만든다고 했을 때, 주변 사람들은 하나같이 그것이 불가능할 것이라고 이야기했다. 하지만 그는 다르게 생각했다.

'Why not?(왜 안 돼?)'

해보지도 않고 지레 겁먹고 포기하는 것은 그의 성미에 맞지 않았다. 차라리 해보고 나서 안 된다는 것을 아는 것이 훨씬 속 편한 일이었다. 5,000번이 넘는 실패 속에서 좌절감도 느꼈지만, 그럴 때마다 스스로에게 되물었다.

'Why not?'

그렇게 다이슨은 '왜 안 되는가'에 집중해 기술적인 문제점들을 하나씩 풀어나갔고, 마침내 5,127번째 시제품을 성공시켰다. 더 놀랍고 재밌는 것은 이 연구가 지금까지도 지속되고 있다는 것이다. 덕분에 지금은 머리카락보다 200배나 작은 먼지 조각까지 걸러낼 수 있을 만큼 기술적인 진보를 이루었다. 결국 중요한 것은 일단 실행하는 것, 그리고 멈추지 않는 것에 있다.

내가 아는 지인 중엔 항상 길을 가면서 어떤 매장이나 제품들을 보고 "아, 저거 내가 생각했던 아이템인데!"라고 입버릇처럼 말하는 사람이 있다. 분명 아이디어는 뛰어난 사람이지만, 실행력이 부족하다는 것이 그의 단점이었다. 결국 세상은 아이디어를 실행에 빨리 옮긴 사람을 기억하기 때문이다.

대표적인 사례로는 전화기 발명이 있다. 많은 사람들이 세계 최초로 전화기를 발명한 사람을 미국의 발명가 알렉산더 그레이엄 벨Alexander Graham Bell로 기억하지만, 그보다 먼저 전화기를 발명한 사람은 일라이셔 그레이Elisha Gray였다. 하지만 벨이 그레이보다 2시간 먼저 전화기 발명 특허를 신청하면서, 전화기는 영원히 벨의 발명품이 되었고, 그레이는 역사 뒤편으로 사라지고 말았다.

스티브 잡스도 실행력이 남달랐던 사람이다. 1979년 제록스의 연구소를 방문한 잡스는 그래픽으로 된 UIUser Interface, 사용자 환경와 마우스를 이용한 컴퓨터를 보고 충격에 빠졌다. 세상을 바꿀 혁신적인 아이디어가 연구소에 전시용으로 처박혀 있다니! 잡스는 조바심을 느꼈고, 한편으로는 기회라고 생각했다. 그리고 돌아오자마자 그 아이디어를 연구해 매킨토시에 적용했고, 시장에 출시했다. 뒤늦게 제록스가 애플을 상대로 소송을 제기했지만, 제품을 출시하고 3년이 지났다는 이유로 기각되었다.

보통 창업을 결심하고 난 뒤, 가장 먼저 하는 일은 사업 계획서를 작성하는 것이다. 물론 중요한 작업이지만, 문제는 많은 사람들이 여기에 너무 많은 에너지를 쏟아 붓는 것에 있다. 오히려 사업 계획서는 두껍고 완벽할수록 회사는 더 빨리 망할 수 있다. 고치고, 고치고, 거듭 고치는 사이, 많게는 수년의 시간이 흘러 고객의 니즈가 바뀌었을 수도 있고, 발 빠른 누군가가 동일한 아이템으로 시장을 선점했을 수도 있다. 그러니 항상 다른 누군가가 만들어놓은 제품을 보고, 뒤늦게 안타까움의 탄성을 지르는 사태가 발생하는 것이다. 사업 계획서를 완벽히 만들고, 창업해야겠다는 생각은 접어두는 것이 좋다. 세상은 계속 변하고 있고, 세상일이란 것이 원래 계획한 대로 척척 이루어지는 것도 아니기 때문이다. 60~70%의 계획이 섰다면, 직접 부딪히며 계획을 수정, 보완해나가는 것이 훨씬 현명한 방법이다. 책상에 앉아 있기만 해서는 절대 알 수 없는 것들이 현장에서는 발에 치일만큼 널리고 널렸다.

실리콘밸리에서는 이러한 창업 방식을 일찍이 도입했다. 실패의 리스크를 최소화하고, 빠른 실행을 위한 방법으로 린 스타트업Lean Startup이라는 경영 기법을 쓴다. 린 스타트업은 처음부터 완벽한 제품을 만들어 시장에 내놓는 것이 아니라 빠른 속도로 프로토 타입(시제품)을 내놓은 다음, 시장의 반응을 토대로 제품을 수정해나가면서 완성도를 높이는 것이다. 자본과 인력이 제한적인 벤처기업 입장에선 자원의 낭비를 최소화하면서 보다 효율적으로 혁신을 추구할 수 있다. 또한 시장의 피드백을 계속 받으면서 제품을 수정해나가니 빠르게 변하는 시대의 흐름을 놓치지 않을 수 있고, 고객의 요구도 즉각 반영할 수 있다는 장점이 있다.

또한 지금 우리가 보기에 완벽한 듯 보이는 제품들도 처음부터 그런 모습이었던 것은 아니라는 사실에도 주목할 필요가 있다. 처음엔 다들 초라했고, 볼품없었다. 전 세계 숙박 공유 사이트 에어비앤비Airbnb가 그랬다. 지금은 투자하겠다는 곳이 줄을 서지만, 초창기엔 그 누구도 에어비앤비에 투자하고 싶지 않아했다. 지극히 개인적인 공간을 신원이 불분명한 관광객들에게 내어주는 것이 말이 안 된다고 생각했기 때문이다. 어떤 투자자는 처음 그들의 아이디어를 접하고 '끔찍하다'고 말하기도 했다. 지금은 한 시간에 수백, 수천 명의 이용자들이 가입을 하고 있지만, 처음 사이트를 열었을 때만 해도 이용자 100명을 모으기까지 꼬박 1년이 걸렸다고 창업자 브라이언 체스키Brian Chesky는 회상한다. 하지만 그는 공동 창업자들과 함께 계속해서 아이디어를 변화, 발전시켰고 마침내 지금의 모습을 갖추게 되었다.

2014년 세계 100대 CEO 중 최고 실적을 올린 아마존Amazon의 창업자 제프 베조스Jeff Bezos의 사례도 흥미롭다. 그는 과거 미국 월스트리트에서 잘 나가는 금융맨이었다. 38살의 나이로 부사장 자리에 오르는 등 승승장구를 이어가던 1994년의 어느 날, 잡지에서 '인터넷 규모가 1년 새 2300배 커졌다'는 내용의 기사를 접하고, 가슴이 뛰기 시작했다. 인터넷으로 무언가를 판매하면 대박을 칠 것이라 생각했던 것이다. 고민 끝에 '책'을 팔아보기로 했다. 아무래도 옷이나 액세서리 같은 것보다 관리하기도 쉽고, 배송도 수월했기 때문이다. 구체적으로, 세부적으로 무엇을 준비해야 할지 계획은 세우지 않았지만, 그는 과감히 사표를 던졌다. 일단 시작하지 않으면, 그 기회를 알아챈 다른 누군가에게 빼앗길 것만 같았기 때문이다.

심지어 그가 웹 사이트를 만들었을 때도, 모든 것이 다 완성되지는 않은 상태였다. 가능한 빨리 시장에 진입하는 것이 경쟁에서 살아남는 것이고, 이후에 발생하는 문제는 차근차근 해결해나가면 된다는 것이 그의 생각이었다. 그렇게 웹 사이트를 개설하고 3일이 지난 후, 야후 창업자 중 한 명인 제리양Jerry Yang의 제안으로 야후 홈페이지에 아마존의 사이트가 게시되는 기회를 얻었다. 그 전까지만 해도 회사는 한 주에 850달러 남짓한 주문만 소화할 수 있을 정도의 규모였다. 책 1권의 평균 가격이 10달러라고 했을 때, 한 주에 약 85권의 책을 소화할 수 있으며, 주5일 기준으로 하루에 17권을 배송할 수 있다는 얘기였다. 그러나 야후 홈페이지에 게시된 이후, 주문량이 미친 듯이 증가하기 시작하더니, 바로 그 주말에는 1만2천 달러 이상, 즉 1,200권 이상의 주문이 들어왔다. 아마존은 그렇게 급속도로 규모를 키웠고, 성장하기 시작했다.

성공한 기업을 보면서, 좋은 아이디어를 보면서 "대단하다", "난 왜 저 생각을 못했을까?"라고 부러움의 시선만 보냈었다면, 이제는 그 시선을 거두자. 몇몇 사례들을 소개했지만, 대단해 보이는 아이디어도 결국 아주 작은 아이디어를 '일단 실행에 옮긴 뒤, 점차 다듬어 온 것'이 대부분이다. 처음부터 뛰어난 아이디어, 완벽한 아이디어를 찾아야 한다는 강박관념에서 벗어나라는 이야기다.

나폴레옹은 한치 앞을 내다볼 수 없는 혼란스러운 전투에서는 "일단 행동하고 본다"고 했다. 열정만 있으면 된다, 무작정 뛰어들어라 이런 뜻으로 하는 이야기는 아니다. 하지만 준비만 하다가 세월만 보내서도 안 될 일이다. 자기 자신이 발견한 문제를 해결하는데 집중하고, 거기에 대한 해답이 보였다면 일단 시도하자. 좀 더 다듬어서, 좀 더 완벽히, 조금만 더 준비한 다음에…. 이렇게 차일피일 미루다 보면 실행에 옮기기가 더 어려워진다. 이런 사람들에게 필요한 것은 더 완벽한 계획이 아니라, 단 한 번의 시도다. 나머지는 상황이 닥치면, 그때그때 알아서 흘러간다. 정말이다.

불만,
어디서 찾지?

———————

　　　　　　　　창업 아이템은 사람들의 고통과 불편을 발견하는
것에서 시작되고, 해결책을 찾았다면 행동에 옮기는 것이 중요하다고
계속해서 강조하고 있다. 그렇다면 일단 사람들의 불만이 무엇인지부
터 찾아야 하는데, 그것을 어디서, 어떻게 찾는 것이 가장 효율적이고
좋은 방법일까? 그 답은 자신이 충분한 경험과 지식을 쌓은 분야, 그
리고 좋아하고 열정을 가진 분야에 있다.

　일단 자신이 충분한 경험과 지식을 쌓은 분야에서 창업을 한다면 시
장에 대한 이해도가 높은 상태에서 사업을 할 수 있다는 장점이 있다.
우리가 신입사원이었던 시절을 생각해보자. 대리, 차장, 부장들의 일
들은 폼 나기 그지없다. 일에 대한 냉철한 판단력, 남다른 업무 노하
우, 각종 이해관계자들과의 교섭. 하루 빨리 나 또한 그런 업무들을 맡
아서 인정받고 싶다는 욕구가 불타오른다. 그런데 부푼 기대와는 달

리, 매일 하는 일이라고는 복사를 비롯해 선배들의 뒤치다꺼리 등 잡일밖에 없다. 이러려고 회사에 들어온 게 아닌데! 기획서를 작성하고, 전략을 짜고, 사람들 앞에서 멋있게 발표하고 싶은데 좀처럼 그런 기회는 주어지지 않는다. 회의시간엔 용기를 내서 밤새도록 고민한 아이디어를 조심스레 꺼내보지만 현실 가능성 없다는 평가를 받고, 채택되지 못한 상처받은 마음을 옥상에서 남몰래 달래본다. 그러다 갑자기 상사가 예상치 못한 일이라도 시키면 식은땀이 뻘뻘 난다. 마음이 조급하니 실수도 잦다. 잘 하고 싶은 의욕과는 자꾸만 반대의 결과가 나온다. 어떤 일을 해도 어리숙하고 매끄럽지가 못한 자신의 모습과는 반대로, 옆에 있는 5년차 선배는 어떤 일이든 당황하지 않고, 능수능란하게 처리한다. 그런 모습을 부러움 가득한 눈빛으로 바라보며 '나는 언제쯤 저렇게 될까' 상상해본다. 선배는 "시간이 지나고, 경험이 쌓이면 다 돼! 괜찮아!"라고 한다. 정말 그럴까? 그런 날이 올까? 그런 생각들을 하며 시간이 흐르고, 수습이라는 딱지를 뗀다. 그렇게 1년이 지나고, 또 1년이 지나니 업무에 점차 자신감이 붙기 시작한다. 그럼에도 불구하고 업계에서 '전문가'라는 소리를 듣기까지는 아주 오랜 시간에 걸친 자기개발과 노력이 필요하다.

창업을 할 때도 이와 마찬가지다. 자신이 잘 알고 있고 일정 기간 경험이 쌓인 분야여야만 어떤 문제가 있는지 정확하게 짚어낼 수 있고, 그 문제를 해결할 현실성 있는 아이디어를 낼 수 있다. 그렇지 않고 자신이 잘 모르는 분야에 뛰어드는 것은 회사 갓 입사한 신입사원이 대리, 차장, 부장, 아니 사장이 하는 일을 하려드는 것과 똑같다. 결과는 어떨까? 십중팔구 망할 수밖에 없다. 우여곡절 끝에 창업에 성공한다 해도 아주 오랜 시간동안 어마어마한 시행착오를 거쳐야 한다. 시장 환경은 어떤지, 경쟁자는 누가 있는지 등을 파악하는 것부터 쉽지 않기 때문이다. 심지어 어떤 정보들은 꽁꽁 차단되어 있어 접근하기조차 쉽지 않다.

그렇다고 경험이란 것이 꼭 직업적인 경험을 의미하지는 않는다. 취미로 뜨개질을 하던 주부가 뜨개질 사업으로 성공하고, 요리가 취미이던 주부가 음식 사업으로 성공했다는 사례에서 보듯, 경험이라는 것은 평소 자신이 즐겨하는 취미생활이 될 수도 있다.

2013년에 시작한 '더콘테스트'라는 공모전 플랫폼 사이트는 설립 2년 만에 다수의 업체와 제휴를 맺어 약 700여 개의 공모전을 유치하는 성과를 거둔 바 있다. 현재 6만 명 이상의 회원을 보유하고 있으며, 하루 평균 5,000명 이상이 홈페이지를 방문한다. 이 스타트업이 이렇게 빠르고 안정적으로 성장할 수 있었던 비결은 다름 아닌 CEO부터 구성원들까지 수년간 광고업계 경력을 가진 사람들이 모였기 때문이다. 그러니 시장에 대한 이해도가 상당히 높았고, 그들만의 노하우도 있었으며, 여기 저기 조언을 구하고 도움을 받을 인맥도 충분했다. 당연히 시행착오는 최소화됐고, 서비스를 성공 궤도에 올리기까지 그리 오랜 시간이 걸리지 않았다.

이와는 반대되는 사례도 있다. 얼마 전, 스타트업들의 창업 아이템을 심사하는 자리에 참석할 일이 있었다. 그 가운데 한식 식재료를 중국에 유통하는 사업을 하겠다고 발표한 학생이 있었다. 한국을 찾는 중국인 관광객 수가 매년 큰 폭으로 증가하고 있고, 한식에 대한 관심도 커지고 있지만 한국 식품을 소비할 수 있는 방법이 부재하다는 것이다. 그래서 그 학생이 생각한 아이디어는 앱을 통해 한식 조리법을 알려주고, 실제 그 음식을 만들기 위해 식재료를 주문하면 직접 한국에서 공수해서 보내주거나 중국에 진출한 한국 유통업체들과 제휴를 맺어 배송해주겠다는 것이었다. 심사위원단은 이 아이디어를 어떻게 평가했을까? 여러분의 생각은 어떤가? 분명 한국과 한식에 관심을 가지는 중국인들이 많아지고 있다는 것은 사회적 흐름이고 트렌드다. 게다가 중국 시장은 세계 최대의 소비 시장으로 시장성도 어마어마하게 크다. 그러나 문제는 창업자의 역량이다. 결국 한국이 아닌 중국 현지 사람들을 대상으로 사업을 하겠다는 것인데, 정작 중국에 대한 정보와 경험이 부족하고 중국어도 할 줄 모른다는 것이 문제였다. 중국의 택배 시스템, 식재료 수출에 대한 정부의 허가 문제, 중국 현지 유통업체와의 제휴, 중국 시장에서의 홍보 등 따져봐야 할 것이 너무나도 많은데 말이다. 이것은 몇 십 년 경력의 현지 전문가가 한다 해도 실제로 구현하기가 상당히 어렵고 까다로운 사업 모델이었다. 그 학생의 말을 곰곰이 듣고 있던 한 심사위원이 그에게 말했다.

"본인의 역량과 너무 동떨어져 있다고 생각하지 않나요? 분명 아이디어도 좋고, 중국이라는 시장 자체가 탐나는 시장인 건 확실하지만, 본인이 너무 모르는 분야에 뛰어들려고 하는 건 아닌가 싶네요."

하지만 또 하나 더. 단지 잘 알고 있다고 해서 성공이 보장되지만은 않는다. 논어에 보면 '지지자 불여호지자, 호지자 불여락지자^{知之者 不如} ^{好之者 好之者 不如樂知者}'라는 말이 있는데, 무엇을 아는 사람은 좋아하는 사람만 못하고 좋아하는 사람은 즐기는 사람만 못하다는 뜻이다. 즉, 전문성을 갖는 것만큼이나, 아니 오히려 더 중요한 것이 자신이 그 일을 충분히 좋아하고 즐길 수 있어야 한다는 것이다. 그 일을 좋아하느냐 마느냐의 문제가 별것 아닌 것처럼 느낄 수도 있겠지만, 실로 이것이 갖는 힘은 우리가 상상하는 것 이상으로 크다. 최근 선풍적인 인기를 끌고 있는 만화 서비스 벤처 레진엔터테인먼트는 2013년 6월 '레진코믹스'라는 유료 만화 서비스를 선보이며 웹툰 시장에 도전장을 내밀었다. 만화를 유료화하는 비즈니스 모델로는 절대 성공할 수 없을 것이라고 장담하는 사람들도 있었다. 그러나 레진엔터테인먼트는 그러한 사람들의 편견을 보기 좋게 깨고, 설립 첫 달부터 1억 원의 매출을 올리는 기적을 이뤄냈다. 현재는 700만 회원을 보유한 대한민국 최대의 만화 플랫폼으로 성장했다. 그 비결은 아주 단순하다. 만화를 좋아하고 사랑하는 사람들이 똘똘 뭉쳤기 때문이다. 경력사원을 뽑을 때는 해당 업계에서 가장 전문가로 불리는 사람들을 스카우트했고, 신입사원을 뽑을 때는 가장 첫 번째로 "만화를 좋아하세요?"라고 묻는다고 하니, 말 다 했지 않은가?

사업은 지난하고 기나긴 싸움이다. 이제 갓 사업을 시작한 스타트업이라고 해서 다른 기업들이 봐주거나 배려해주는 일은 절대 없다. 먼저 높은 곳에 올라간 기업들은 후발주자들이 쫓아오지 못하도록 그들이 붙잡고 올라온 사다리를 걷어 차버리기도 한다. 창업시장은 그야말로 인정사정 봐주지 않는, 치열하고 잔혹한 '전쟁터'나 다름없다. 이런 상황 속에서 지치지 않는 열정을 가지고 꾸준히 몰입할 수 있는 힘은

'충분한 경험과 지식을 쌓은 분야'
'내가 좋아하고, 열정을 가진 분야'

위 두 가지에서 나온다. 그렇지 않으면 작은 어려움에도 쉽게 좌절하고 포기하고 만다. 절대 뜨는 시장, 뜨는 트렌드라고 해서 섣불리 창업에 뛰어드는 실수는 저지르지 말아야 한다.

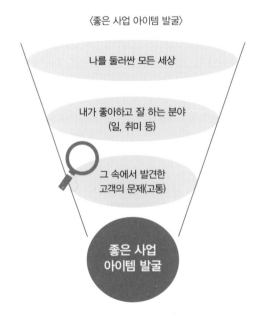

〈좋은 사업 아이템 발굴〉

나를 둘러싼 모든 세상

내가 좋아하고 잘 하는 분야
(일, 취미 등)

그 속에서 발견한
고객의 문제(고통)

좋은 사업
아이템 발굴

2장

스타트업
집짓기 6단계

튼튼하고 멋진 집을 지으려면 설계와 기초 공사를 잘 해야 한다. 아무렇게나 대충 그린 설계도에서 좋은 집이 나올 수 없고, 기초 공사가 제대로 되지 않으면 튼튼한 집이 나올 수 없다. 창업도 마찬가지다. 제대로 된 기업을 세우고, 그 기업이 오랫동안 지속되게 만들고 싶다면 설계와 기초 공사를 잘 해야 한다. 스타트업 집짓기 6단계는 설계와 기초 공사를 잘 하기 위한 구체적인 방법을 담고 있다.

누가
어떤 불편을
겪고 있는가?

직장인들의 바이블로 불리며 큰 인기를 누렸던 만화 혹은 드라마 〈미생〉을 본 사람이라면, 오차장이 주인공 장그래에게 10만 원을 주며 무엇을 팔든 많은 이익을 남겨오라며 미션을 던진 장면을 기억할 것이다. 고민을 하던 장그래가 향한 곳은 시장이었다. 그곳에서 10만 원어치 양말과 팬티를 산 뒤, 그것을 팔기 위해 거리를 전전했다. 자존심을 버리고 지하철에서 무릎을 꿇으며 팔아보기도 하고, 과거 자신이 다녔던 바둑기원에서 팔아보기도 하지만 단 한 사람도 그의 양말과 팬티를 사주지 않았다. 처참했다. 하루 종일 고생이란 고생은 다 하고 돌아다녔지만, 단돈 천 원어치도 팔지 못한 이유는 무엇일까?

그렇다. 일단 너무 무모했고, 계획성이 없었다. 무엇보다 '누가 어떤 불편을 겪고 있는가'에 대해 정의를 내리지 않은 것이 가장 큰 문제였다. 그러니 당연히 누구에게 양말과 팬티를 팔아야 할지 감이 잡히지 않을 수밖에 없었고, 결국 양말과 팬티를 정말 필요로 하는 사람이 아니라 엉뚱한 사람에게 매달리며 시간 낭비를 할 수밖에 없었던 것이다.

그래도 드라마는 드라마였다. 운명의 여신은 그의 손을 들어주었다. 늦은 밤 자포자기 상태로 회사 앞을 걷던 장그래는 우연히 찜질방 앞을 지나치게 됐다. 그제야 '늦은 시각 회사 앞 찜질방을 찾는 직장인'의 문제점을 발견할 수 있었다. 예상치 못한 야근에 미처 갈아입을 속옷과 양말을 준비하지 못한 사람들이 바로 그곳에 있었던 것이다. 마침내 양말과 팬티가 필요한 사람들을 발견한 장그래는 찜질방 앞에서 본격적으로 물건을 팔기 시작했다. 몇 시간 지나지 않아서 그가 가지고 있던 모든 양말과 팬티가 동이 났고, 천신만고 끝에 10만 원 프로젝트를 성공적으로 마칠 수 있었다.

'누가 어떤 문제(고통)를 겪고 있는가'를 발견하는 것은 사업의 시작점이다. 만약 창업의 6단계 중 가장 많은 시간을 투자해야 하는 것이 무엇이냐고 묻는다면 한 치의 망설임도 없이 1단계, 고객의 문제를 찾는 과정이라고 대답할 것이다. 이것은 사업의 큰 뼈대를 세우는 기초 공사와도 같다. 기초 공사가 부실한 집은 여기저기 쉽게 금이 가고, 위기에 취약해 태풍이나 홍수, 지진 등을 버티지 못하고 무너질 가능성이 높다. 창업도 마찬가지다. 문제를 잘못 정의하면 이후의 모든 일들이 계속 삐걱거릴 수밖에 없다.

장그래는 일의 순서, 아니 생각의 순서부터 달리해야 했다. '걷다가 아주 우연히 찜질방을 발견했고, 그곳을 찾는 사람들의 문제를 해결해 줄 수 있는 것이 내가 마침 대량 구매해놓은 양말과 팬티다'가 아니라, '늦은 밤 회사 앞 찜질방을 찾는 사람들은 예상치 못한 야근에 갈아입을 속옷과 양말이 없어 곤욕을 겪는다. 그런 그들에게 양말과 팬티를 팔아보자'가 되었어야 한다. 드라마에서는 10만 원 프로젝트라는 이름 하에 벌어진 일이지만, 이런 방식으로 창업을 한다면 실제 상황에서는 1억, 10억, 100억의 손해를 보고 패가망신 할 수 있다. 고객의 문제, 혹은 니즈를 고려하지 않은 제품은 그 누구도 찾지 않기 때문이다.

내가 경영하고 있는 씨엔티테크는 피자, 치킨, 햄버거 등 배달과 테이크아웃 서비스를 제공하고 있는 우리나라 모든 외식 브랜드들의 주문을 IT 기술을 활용해 대행하는 회사다. 1588 혹은 1688로 시작하는 대표번호 콜센터나 인터넷, 모바일 주문은 모두 우리 회사를 거치게 된다. 미스터피자, 도미노피자, BBQ치킨, 네네치킨, 롯데리아, 버거킹, 놀부보쌈 등 수많은 외식 브랜드들의 주문이 알고 보면 씨엔티테크 한 곳으로 모이는 것이다. 이 사업을 구상하게 된 것도 역시나 '문제의 발견'에서 시작됐다.

때는 2003년. 집에서 TV를 보던 중, 침을 꿀꺽 삼키게 만드는 피자 광고가 나왔다. 마침 배가 고팠던 나는 가족들과 함께 집 근처에 있는 피자 매장을 찾아갔다. 하지만 문을 열고 들어서는 순간 당황을 금치 못했다. 넓은 홀 매장일 줄 알았던 그곳은 좁디좁은 배달 전문 매장이었던 것이다. 광고에 배달 매장이라고 한 번만 언급해줬다면 헛걸음 하는 일은 없었을 텐데 말이다.

사실 당시만 해도 치즈가 쭉쭉 늘어나는 맛있는 피자 이미지를 계속 보여주는 것이 피자 광고의 정석이라 여겼다. 하지만 그런 방식의 광고는 전혀 직관적이지도, 효율적이지도 않다는 생각이 들었다. 일단 고객 입장에서는 배달 전문 매장인지 알 수가 없었다. 안다 해도 전화번호를 알아내려면 114에 전화를 하거나 인터넷 홈페이지를 뒤져서 직접 전화번호를 알아내야 했다. 이러한 TV 광고의 비효율성은 고객뿐만 아니라 업체 입장에서도 문제가 있기는 마찬가지였다. 본사에서 광고에 투자하는 비용이 약 10억 원을 넘어서는데도 그것이 실제로 구매로 이어지는지 광고 효과를 측정할 수 없었던 것이다. 뿐만 아니라 TV 광고를 한다는 명목으로 가맹점으로부터 마케팅 비용을 거두지만, 정작 가맹점에서는 각자의 전화번호를 홍보하기 위해 전단지를 따로 돌려야 하는 이중 마케팅의 부담을 가지고 있었다.

〈표 1〉 소비자와 업체가 느끼는 문제점

소비자	– 매장에 대한 정보 및 전달력 부족으로 불편을 겪음 – 광고를 보고 주문하기까지 프로세스가 귀찮고 복잡함 (광고 발견 → 114나 인터넷으로 전화번호 찾기 → 주문)
외식업체	– 소비자 불편 초래로 인한 브랜드 이미지 손상 – 광고 효과 측정의 어려움 – 본사와 가맹점 간 이중 마케팅 비용 발생

과연 이 두 가지 문제를 동시에 해결할 수 있는 방법이 무엇일까 고

민하던 중 떠올린 것은 '홈쇼핑 효과'였다. 홈쇼핑의 판매 방식을 그대로 외식 광고에 도입하는 것인데, 대표번호를 광고에 등장시키고 콜센터에서 주문 전화를 대신 받아주자는 아이디어였다. 고객 입장에서는 광고를 보자마자 전화번호를 알 수 있으니 매장에 대한 정보를 정확히 알 수 있고, 전보다 정보를 얻는데 드는 수고를 덜 수 있었다. 프랜차이즈 본사 입장에서는 브랜드 대표번호를 도입하면 배달 주문전화 건수 등을 통해 광고 효과를 측정할 수 있고, 수백 개에 달하는 가맹점이 하나의 번호로 운영되니 여러 모로 관리가 편해졌다. 매장에서는 홍보와 주문 걱정은 접어두고, 조리와 배달에만 집중하면 되니 운영에 드는 품을 덜 수 있었다. 또한 그동안에는 점심시간과 같은 주문 피크타임에는 전화가 한꺼번에 몰려서 놓치고 못 받는 전화도 많았는데, 콜센터에서 여러 대의 전화로 주문을 받아주니 하루에 들어오는 주문 건수도 전보다 많아지고, 매출도 높일 수 있다는 장점도 있었다. 소비자, 본사, 가맹점까지 어느 누구도 손해 볼 것 없는 원원전략이었다. 당연히 업체들은 이 아이디어를 두 손 들고 환영했다. 그렇게 대표번호 콜센터와 함께 온라인 주문 시스템까지 도입하며 본격적으로 사업에 뛰어들었다.

이렇듯 사업 아이템을 정할 땐 '해결되어야 할 문제인데, 해결되지 않고 있는 것'을 찾아야 한다. 이미 해결된 문제를 다른 방식으로 해결할 수도 있지만, 그보다는 해결되지 않은 미결의 문제를 찾아서 해결하는 것이 더 좋다. 그 자체가 시장을 새롭게 개척한다는 것이고, 그 시장을 독점 또는 선점할 수 있다는 것을 의미하기 때문이다.

만약 문제를 어디서 찾아야 할지 모르겠다면 찬찬히 자기 자신을 들여다보자. 오늘 어떤 일에서 불편을 느꼈는지, 요즘 가장 성가신 일이 무엇인지 생각하다 보면 창업 아이템에 대한 작은 힌트를 얻을 지도 모른다. 자신에게서 해답을 얻지 못했다면 주변인들을 관찰해도 좋다. 누군가가 어떤 문제에 대해 투덜거리고 있다면 그 목소리에 집중해보자. '이것이 바로 사업 아이템이야'라고 알려주는 강력한 신호일 수 있기 때문이다.

오늘 뭐 먹을지 고민된다면 〈그리드잇〉

"오늘 뭐 먹지?"

누구라도 이 다섯 글자에 격하게 공감할 것이다. 우리는 매 끼니마다 이 고민에서 자유롭지 못하다. 스마트폰으로 맛집을 검색해보기도 하지만, 온통 광고성 글로 도배된 탓에 신뢰성 있는 정보들을 걸러내기가 쉽지 않다. 그리드잇은 우리가 매일 하고 있는 이 고민과 행동을 '문제'로 정의했고, '오늘 뭐 먹지'라는 서비스를 런칭해 성공 궤도에 오른 스타트업이다.

첫 시작은 사람들의 제보를 통해 운영되는 페이스북 페이지였다. 사람들로부터 각종 음식 사진, 맛집 정보 등을 메일로 제보 받았고, 그 가운데 신뢰성 있는 정보들을 추려서 페이스북에 공유했다. 제보되는 글 가운데 홍보를 노린 글을 가려내기 위해 대형 프랜차이즈나 대중적이지 않은 고가의 음식, 고가의 카메라로 찍은 사진은 자체적으로 걸러냈다. 이렇게 사람들의 직접적인 경험, 생생한 후기를 담은 내용들이 올라오자 팔로워가 급격히 늘어나기 시작했다. 그와 동시에 좋아요 건수, 댓글 수, 공유 횟수도 폭발적으로 증가했고, 제보 건수는 하루에 몇 천 통씩 쏟아졌다. 페이스북 페이지를 운영한 지 2년도 안 돼서 약 290만 팔

로워를 확보했고, 바이럴 효과를 측정해본 결과 하나의 콘텐츠가 일주일 간 도달되는 범위는 1,100만 명 이상에 달했다. 단순한 정보 공유 플랫폼이 아닌 강력한 마케팅 채널로 성장한 것이다.

실제 그리드잇은 SNS의 파급력이 어느 정도인지 확인하기 위해 페이스북 팔로워들을 대상으로 실험을 한 차례 진행한 바 있다. 2014년 11월 17일 피자 브랜드 P사의 신제품이 런칭 됐는데, 페이스북 채널을 이용해 유저들에게 소개한 것이다. 유저 300만 명 이상에게 도달된 직후 P사와의 인터뷰를 통해 확인한 결과 게시물을 노출하기 이전보다 평균 4배 이상 주문 건수가 늘어났다고 했다. 또한 소비자들이 직접 단 댓글들을 토대로 제품의 장단점과 고객 니즈를 정확하게 파악할 수 있었다며 감사의 인사를 전해왔다. 그렇게 그리드잇은 자체적인 실험을

통해 새로운 외식 마케팅 플랫폼으로서의 가능성을 확인할 수 있었다.

이를 바탕으로 2015년 1월부터는 페이스북 페이지에서 벗어나 자체적으로 앱을 만들어 본격적인 사업을 시작했다. 기존과 동일하게 사람들의 제보를 통해 들어온 각종 음식, 맛집 정보들을 공유하는 한편, 외식업체들과 제휴를 맺어 신제품이나 각종 이벤트를 소개하고 이를 통해 수익을 창출하는 것이다. 스마트폰 위치 기능을 기반으로 유저들에게 자신이 있는 곳과 가장 가까운 맛집을 알려주는 서비스 등 사업 확장 계획도 가지고 있다.

〈표 2〉 소비자와 업체가 느끼는 문제점

소비자	매 끼니마다 오늘 뭐 먹을지 고민한다. 검색을 해봐도 광고성 글이 많은 탓에 신뢰성 있는 맛집 정보를 얻기 어렵다.
외식업체	매장, 신제품 정보 등을 효율적으로, 또 효과적으로 홍보할 채널이 없다. 자체적으로 SNS를 운영해보고 싶은 욕심도 있지만, 노하우가 부족해 어려움을 겪는다.

고객님! 우리'톡'으로 말해요! 〈내쉬스〉

어떤 매장을 방문했는데 서비스가 마음에 들지 않거나 맛이 너무 없다면 어떻게 하는 편인가? 그냥 다음부터 오지 말자고 생각하고 마는 사람도 있을 것이고, 그 자리에서 바로 따져서 사과를 받는 사람도 있을 것이고, 본사나 서비스센터 등에 전화해 개선점에 대해 확실한 약속을 받아내는 사람도 있을 것이다. 그런데 최근 SNS 이용이 활발해

지면서 고객들은 점차 자신의 불만을 SNS를 통해 쏟아내는 성향이 짙어졌다.

사실 SNS에 불만을 남기는 것은 업체 입장에서는 꽝장히 난감하고 불편한 일일 수밖에 없다. 예상치 못한 순간에, 이렇다 할 변명의 기회조차 얻지 못하고 브랜드 이미지에 심각한 손상을 입기 때문이다. 만약 누군가 고의적으로 잘못된 정보를 흘리게 되면, 뒷수습을 하는 것도 여간 쉬운 일이 아니다.

내쉬스는 이렇듯 스마트폰의 등장과 함께 달라지는 사람들의 행동 변화에 주목했고, 텍스트 소통에 익숙해진 젊은 세대들을 위한 별도의 고객만족CS, Customer Satisfaction 채널이 없다는 것을 '문제'로 정의했다. 그렇게 개발한 것이 소비자가 문자로 불만이나 궁금한 점, 건의사항 등을 남기면 1분 내로 답변을 해주는 '톡센터'였다. 업체 입장에서는 트렌드에 맞는 새로운 채널을 구축해 고객과의 접점을 넓힐 수 있고, 고객 입장에서는 귀찮게 전화를 하거나 직접 가서 물어볼 필요 없이 간단히 문자로 원하는 답을 얻을 수 있으니 훨씬 편리해지는 셈이었다.

실제로 '내쉬스'는 자신들의 아이디어를 바탕으로 앱을 개발했고, 시장에 출시하기 전에 서대문구 주민들을 대상으로 한 달 간 시장 조사를 벌이기도 했다. 홍대 주변의 인기 음식점 100여 군데를 섭외해 앱에 등록했는데 한 달 동안 2,000명이 다운로드를 받았고, 그들로부터 접수된 문의 사항은 무려 3,000건 이상에 달했다. 고객들은 앱을 통해 어떤 메뉴가 가장 인기가 있는지, 가격은 얼마인지, 할인되는 카드는 무엇인지 등 가지각색의 정보를 물어왔다. 매장 점주들은 이 서비스를 제공한 이후, 고객 만족도가 전보다 높아졌을 뿐만 아니라, 전화로 응대하는 것보다 감정 소모가 덜 되서 직원들의 업무 만족도도 훨씬 더 높아졌다고 말했다.

내쉬스는 향후 더 많은 외식업체들과 계약을 맺고 사업 규모를 키워나갈 계획을 하고 있다. 또한 고객의 문의 사항들을 데이터베이스화해서 분석한다면 브랜드의 마케팅 방향, 고객 니즈에 대해 컨설팅을 하는 등 추가적인 서비스도 가능할 것으로 보고 있다.

〈표 3〉 소비자와 업체가 느끼는 문제점

소비자	매장에 자리가 있는지, 가격이 얼마인지 등을 묻거나 서비스를 이용하면서 불편했던 점에 대해 말하고 싶은데 전화로 하거나, 직접 가서 말하기는 귀찮다.
외식업체	고객들이 불만사항을 SNS에 곧바로 올려버리는 경우가 있어 골머리를 앓고 있다. 그 외에도 여러 가지 반복되는 문의사항을 일일이 전화로 설명하려니 비효율적인 측면이 있다. 여기에 대한 해결책이 필요하다.

진정,
통^通하였는가?

해결해야 할 문제(고통)를 찾았다면, 이제는 그 문제가 정말 맞는지 고객에게 물어봐야 한다. 창업을 집 짓는 과정에 비유했을 때, 문제 검증 단계를 건너뛰는 것은 시간과 돈을 아낀다는 명목으로 품질이 나쁜 자재로 대충 집을 짓는 것과 똑같다. 부실한 집에 아무도 살지 않으려 하듯, 검증 단계를 거치지 않은 제품 또한 아무도 사지 않을 확률이 높다. 우리에게 발명가로 친숙한 에디슨은 일찍이 이런 실패를 겪은 적이 있다. 1869년, 에디슨은 의회 전기 투표기를 개발해 첫 번째 특허를 따냈다. 이 발명으로 의원들은 앉은 자리에서 버튼만 누르면 투표할 수 있게 됐고, 곧바로 결과 집계까지 알 수 있었다. 지금 생각해도 정말 혁신적인 발명품이지만, 웬일인지 의원들은 이 발명품에 대해 강한 거부감을 가졌다. 편리하고 신속한 투표도 중요하지만, 정치적으로는 투표가 빨리 되는 것이 그리 좋은 것만은 아니었기 때문이다. 정치 쟁점에 대해 시간 끌기 전략이 필요할 때도 있고 로비 활동도 해야 하는데, 그럴 기회가 없어졌던 탓이다. 때문에 의원들은 전기 투표기를 받아들이지 않으려 했고, 에디슨의 첫 발명품은 실패작으로 끝나고 말았다. 이 사건 이후, 에디슨은 아무리 뛰어난 아이디어와 기술이 있더라도 고객이 원하지 않는 제품은 개발하지 않겠다고 결심했고, 현장을 직접 다니며 소비자들의 니즈를 정확히 파악한 뒤에야 제품 개발에 착수했다.

에디슨처럼 제품을 개발한 후에 폐기처분하는 사태를 맞기 싫다면, 자신이 정의한 문제는 반드시 검증하고 넘어가야 한다. 내가 생각한 문제를 고객들도 동의하는지 '시장성'을 파악해야 한다는 얘기다. 동의하는 사람이 많다면, 향후 제품이 시장에 출시됐을 때 사줄 사람이 그만큼 많다는 것을 의미한다. 그런데 실제 스타트업을 만나보면 고객들이 진짜 겪고 있는 문제인지, 공감하는 문제인지 최소한의 검증조차하지 않은 경우가 대부분이다. 자신의 불편함을 고객의 불편함으로, 자신의 필요를 고객의 필요로 확대 해석한 경우가 더 많다. 특히 기술집약적인 소프트웨어 벤처일수록 초창기 에디슨의 실패처럼 고객의 문제에 집중하기보다 자신이 가진 기술에만 집중하는 실수를 저지른다. 상품 개발을 위해 신기술을 개발하는 것이 아니라 신기술을 개발하고이에 명분을 붙여 상품화하는 것이다. 이렇듯 고객의 목소리에 집중하지 않고 창업자의 일방적인 판단이나 믿음에 의해 만들어진 제품의 결과는 불 보듯 뻔하다. 뜬금없이 나타났다 소리 없이 사라지는 '그저 그런 제품' 중 하나가 되고 마는 것이다.

시장성 조사가 그다지 중요하지 않다고 반론을 제기하는 사람들은 보통 스티브 잡스를 근거로 든다. 내 수업을 듣던 학생 중 한 명도 동일한 반론을 내던지며 질문을 해왔다.

"교수님은 제가 정의한 문제가 맞는지 100명 이상의 잠재 고객을 만나서 확인해보라고 하셨지만, 정말 꼭 그래야 하는 건지 모르겠습니다. 스티브 잡스만 보더라도 직관에 따르는 것이 중요하다고 했고, '고객들에게 무엇을 원하는지 묻지 말고 그들이 무엇을 원하는지 말해주어라'고 말한 바 있습니다. 결국 문제를 검증하는데 시간을 허비하기보다 제 직관을 믿고 따르는 게 더 낫지 않을까요?"

물론 이 학생의 말도 틀린 말은 아니다. 인류 역사상 최고의 발명품으로 손꼽히는 '아이폰'도 고객의 의견을 구해서 만든 것이 아니라 스티브 잡스 개인의 직관에 의해 만들어진 제품이기 때문이다. 하지만 우리는 좀 더 냉정해질 필요가 있다. 대부분의 스타트업 CEO는 창업 경험이 전무한 풋내기 초짜 CEO지만, 스티브 잡스는 수십 년간 회사를 경영하며 수많은 문제를 해결해온 관록의 CEO다. 즉, 스티브 잡스와 같은 직관력을 발휘하고 싶다면 그가 그랬듯 오랜 시간동안 문제를 성공적으로 해결한 경험을 쌓아야 한다. 그렇지 않다면 직관을 발휘할 시기는 좀 더 나중으로 미루길 바란다. 초짜 CEO일수록 문제 검증은 어떤 일이 있어도, 반드시, 무조건 해야 한다.

문제 검증을 제대로 하지 않아서 실패한 기업들도 상당히 많다. 디지털 스탬프 사례가 그런데, 보통 커피 전문점에 가면 커피를 한 잔 구매할 때마다 쿠폰에 도장을 찍어준다. 그런데 사실 이 쿠폰을 관리하는 것이 여간 성가신 게 아니다. 커피숍을 한 군데만 가는 것도 아니고, 여기저기서 나눠주는 쿠폰을 지갑에 하나 둘 넣다보면 금세 지갑이 뚱뚱해진다. 벌어져서 닫히지 않는 지갑만큼 보기 싫은 게 없다. 일일이 쿠폰을 들고 다니기가 싫어서 책상 서랍 어딘가에 놔두면 자연스레 쿠폰의 존재를 잊어버리게 되고, 결국 매번 갈 때마다 새로운 쿠폰을 발급받는 자신을 발견하곤 한다. 설상가상 도장을 다 채우고서 쿠폰을 잃어버리면 어마 무시한 허무함과 짜증이 밀려온다. 이런 소비자들의 불편을 문제로 정의한 회사가 무려 다섯 개가 있었다. 그들은 주변의 모든 지인들을 동원해 시장 조사를 벌였다. 그들은 한결같이 입을 모아 대답했다.

"맞아, 그거 진짜 문제야, 너무 불편해"라고.

〈디지털스탬프〉

검증을 통해 시장성을 확인한 그들은 곧바로 솔루션을 개발하기 시작했다. 다양한 브랜드의 쿠폰을 스마트폰 앱으로 관리하는 일명 '디지털 스탬프' 솔루션을 개발한 것이다. 더 이상 지갑이 뚱뚱해질 일도, 잃어버려서 속상할 일도 없었다. 투자 설명회에서도 그들은 자신 있게 발표했다.

"여러분, 커피 전문점 하루에 몇 번씩 가시죠? 그때마다 쿠폰 받으실 겁니다. 그런데 어떠세요? 많이 잃어버리진 않으십니까? 여기저기서 받은 쿠폰들을 넣다가 지갑이 뚱뚱해져서 짜증나진 않으셨나요? 그렇게 어딘가에 쳐 박아두고 쓰지 못한 쿠폰은 몇 장이나 되십니까? 저희는 이것을 문제로 정의했습니다. 물론 시장 조사를 통해 많은 고객들이 이 문제에 대해 공감하고 있다는 사실도 확인했죠."

투자자들도 고객을 끄덕이며 공감을 표했고, 그들이 개발한 '디지털 스탬프'는 매우 혁신적인 것으로 평가받으며 엄청난 주목을 받았다. 모두가 성공을 예상했다. 이랬던 그들이 실패한 이유는 무엇일까? 그것도 그토록 중요하다고 강조했던 문제 검증까지 완벽히 끝낸 사업 아이템이?

그 이유는 '고객'을 잘못 정의했기 때문이다. 고객이란 결국 자신의 서비스를 사용하고 '돈을 지불할 사람'을 의미한다. 따라서 디지털 스탬프 솔루션의 궁극적인 고객은 커피를 사먹는 소비자가 아니라 커피 전문점 사장이 됐어야 했다. 아무리 주변에서 서비스가 필요하다고 동의했다 하더라도 결국 커피 전문점에서 도입하지 않으면 그만이기 때문이다. 다섯 개의 스타트업이 제각각 문제 검증은 열심히 했지만, 결국 왼쪽 다리가 가려운데 오른쪽 다리를 긁은 격이 되어버린 셈이다. 그렇다면 또 하나. 디지털 스탬프 솔루션이 커피 전문점들에게 필요하지 않았던 이유는 무엇일까?

그것은 다름 아닌 수익률과 관련이 있다. 쿠폰이 고객의 재방문율을 높이기 위한 마케팅 수단임은 분명하지만, 한편으론 고객들이 분실함으로써 생기는 낙전수입이 상당했던 것이다. 고객 입장에선 배신감이 들겠지만, 사실 분실률이 높다는 것은 업체 입장에서는 아주 고마운 일이었다. 종이 쿠폰이야말로 비용을 아끼면서 재방문율을 높이는 아주 좋은 마케팅 수단인데, 이것을 디지털로 빼도 박도 못하게 저장해버리면 당연히 전보다 수익률이 떨어질 수밖에 없었다.

다섯 개의 스타트업들이 더도 말고 덜도 말고 딱 한 군데 커피 전문점만 방문해봤더라도 "종이쿠폰은 저희에게 전혀 문제가 되지 않습니다. 오히려 정말 선호하는 마케팅 수단이죠"라는 대답을 들을 수 있었을 것이고, 어마어마한 시행착오를 겪기 전에 사업의 방향을 바꿀 수 있었을 것이다. 그러나 잘못된 검증 방식으로 그 기회를 놓쳐버렸고, 큰돈과 시간을 들여 만든 서비스는 실패로 돌아가고 말았다. 그 중 한 개 기업은 모 프랜차이즈에 인수되어 어렵사리 서비스를 상용화했지만, 커피 시장 전체에 디지털 스탬프 서비스를 도입하지 말자는 분위기가 형성되어 다른 기업들은 시장 진입의 기회조차 얻을 수 없었다. 다양한 브랜드의 쿠폰을 한꺼번에 관리해서 소비자 편의성을 높이겠다는 바람은 그렇게 이루어질 수 없는 덧없는 외침으로 남고 말았다.

이렇듯 창업 경험이 없는 스타트업일수록 일반 소비자 입장에서만 생각하는 경향이 강해서 정작 '진짜 고객'의 목소리를 듣지 못하는 경우가 많다. 따라서 문제를 검증할 땐 시장에 어떤 이해관계자들이 있는지 파악한 다음, 자신이 개발한 제품을 사줄 사람이 누구인지 정확히 볼 줄 알아야 한다.

또 하나 중요한 것은 실질적인 고객이 누군지 인지했다면 직접 그들을 찾아가서 정보를 얻어야 한다는 것이다. 투자자나 어떤 전문가가 '그 문제가 맞다'고 동의한다는 이유만으로 흥분해서 사업을 시작해서도 안 되고, 반대로 '그 문제는 틀렸다'고 말한다고 해서 쉽게 포기해서도 안 된다. 자신이 정의한 문제와 관련된 주체들을 직접 찾아가서 물어보고 검증받는 것만이 유일한 방법이다. 이러한 검증 과정을 거치지 않았다면 그 어떤 다른 일도 우선순위로 둬선 안 된다. 간혹 귀찮고, 시간이 없다고 주변의 5~6명에게만 물어보고 마는 경우도 있는데, 이것은 망하는 지름길이다. 10명도 만나보지 않고 결론을 내리는 것은 성급한 일반화의 오류다. 적어도 100명 이상은 만나봐야 시장 조사를 했다고 명함을 내밀 수 있다. 또한 온라인 조사나 전화 조사에만 의존하는 경우도 보는데, 이 방식 역시 옳지 않다. 대면 조사가 아닌 조사 방식은 고객들로부터 진정성 있는 대답을 듣지 못할 가능성이 높기 때문이다.

고객들을 만나고 나서도 주의할 점이 있다. 바로 질문하는 방식인데, 고객의 의견을 들으러 간 것임에도 불구하고 자신의 의견만 피력하고 오는 경우가 상당히 많다. 하지만 문제 검증의 목적은 내가 정의한 문제를 상대에게 이해시키고 인정받기 위해 가는 것이 아니라 고객이 어떻게 생각하는지 들으러 가는 것이다.

"저는 A가 정말 문제라고 생각해요. 이 아이디어를 어떻게 생각하게 됐냐 하면…" 이렇게 말이 길어지고 있다면 잘못된 검증을 하고 있는 것이다. 상대방으로부터 '그렇다'라는 대답을 이끌어내기 위해 무언의 압박을 가하고 있기 때문이다. 그냥 간결하고 명료하게 "A에 대해 어떻게 생각하시나요?", "A가 불편하다고 생각하시나요?"라고 물어야 한다. 만약 "그렇다"고 대답한다면 구체적으로 어떤 불편함을 느끼는지, 그 문제를 해결하기 위해 현재 기울이고 있는 노력은 무엇인지(다른 제품이나 서비스를 쓰고 있는지), 앞으로 어떤 제품이나 서비스가 있었으면 좋겠다고 생각하는지 등을 물어보면 된다. 이것은 향후 솔루션을 만드는 단계에서 중요한 단서로 작용하기 때문에 빠짐없이 메모해서 기록해두어야 한다.

위 과정들을 통해 자신이 정의한 문제에 대해 잠재 고객들의 공감과 동의를 이끌어냈다면, 다음 단계인 솔루션 설계로 넘어가면 된다. 그렇지 않다면 처음으로 돌아가서 문제 정의부터 다시 해야 한다. 이 과정을 롤백Roll-back한다고 표현하는데, 많은 사람들이 이 과정을 싫어하고 두려워한다. 그동안 고생한 시간들이 아깝다는 보상 심리가 작용해서 부정적인 피드백을 들어도 쉽게 포기하지 못하는 것이다. 그래서 검증 과정에서 자신의 신념과 일치하는 의견은 수용하고 다른 의견은 과소

평가하거나 무시해버리는 '확증 편향'에 빠지곤 한다. 자신이 원하는 대답을 하지 않는다면 은근슬쩍 속으로 '네가 뭘 모르나본데, 앞으로 이건 뜨는 사업이 될 거야!'라고 무시하기도 한다. 그러나 사업은 내가 만들고 싶은 것을 만드는 것이 아니라 고객의 문제를 해결하기 위해, 고객이 원하는 것을 해주기 위해 한다는 것을 다시 한 번 상기하자. 따라서 검증 과정에서 자신이 정의한 문제가 잘못되었다는 것을 깨달았다면 과감히 엎고 원점부터 새롭게 시작할 용기도 있어야 한다. 가장 늦었다고 생각할 때가 가장 빠르다는 말처럼 롤백을 해야 한다면 이 단계에서 하는 것이 가장 좋다. 디지털 스탬프 사례처럼 솔루션까지 다 개발한 상태에서 잘못된 사업 아이템이라는 걸 알았다면 어떻겠는가? 미생의 10만 원 프로젝트가 현실에서는 1억, 10억, 100억의 손해를 보고 패가망신 할 수 있다는 이유가 바로 여기에 있다. 자신의 생각이 고객에게 진정 통通하였는지 검증을 통해 살펴보는 작업이 무엇보다 중요하다.

문제를 검증할 때 주의할 점

1. 돈을 줄 주체(진짜 고객)에게 물어봐라.

2. 직접 발로 뛰어 문제를 검증하라.

3. 설득, 강요하지 말고 객관적으로 질문하라.

4. 확증편향에 빠지지 마라.

작품과 관람객을 이어주는 〈가이드플〉

'가이드플GUIDEPLE' 앱은 박물관, 미술관 등에 전시된 작품에 대한 설명과 해설을 제공해주는 오디오 가이드 서비스다. 박물관마다 제각각다른 앱을 다운받을 필요 없이 가이드플 하나만 있으면 제휴된 박물관 어디에서든 그에 맞는 오디오 서비스를 받을 수 있다.

이들의 시작도 역시나 문제의 발견이었다. 대학 시절 유럽에서 인턴을 했던 창업자는 짬짬이 시간이 나는 대로 박물관과 미술관 투어를 했다. 하지만 오디오 가이드 서비스를 신청할 때마다 대여 절차의 까다로움과 번거로움 때문에 귀찮음을 느꼈다. 설상가상 관광객들이 많이 몰리는 유명한 박물관에라도 가게 되면 기기를 빌리는 데만 몇 시간을 기다려야 했다. 그때 생각한 아이디어가 개인들이 가지고 있는 스마트폰을 활용해서 오디오 서비스를 제공하면 어떨까 하는 것이었다.

창업을 결심한 뒤, 한국으로 돌아와 가장 먼저 찾아간 곳은 박물관이었다. 관람객으로서 아무리 기존 서비스에 불편함을 느끼고 있어도 새로운 서비스를 도입할지 여부는 결국 박물관 관계자들에게 달려있었기 때문이다. 그렇게 전국에 있는 박물관 관계자(잠재 고객)들을 직접 찾아다니며 자신이 정의한 문제가 맞는지 검증했다. 그때 창업자는 굉장히 의미 있는 정보들을 수집할 수 있었는데, 사실 박물관 입장에선 오디오 가이드 서비스가 굉장히 부담스러운 일이라는 것이었다. 일단 단말기를 구매하고 시스템을 구축하는 데만 1~2억의 비용이 들어 초기 비용 부담이 컸다. 그나마 여기서 끝나면 다행이었다. 유지 보수하는데 들어가는 비용도 만만치 않았고, 단말기 고장률도 높아 매년

10% 이상의 단말기를 교체해야 하는 등 이중, 삼중 부담을 안고 있었다. 그러다보니 작은 규모로 운영되는 곳에선 오디오 가이드 서비스를 도입할 엄두조차 내지 못하고 있었다. 몇몇 박물관은 그 대안으로 스마트폰 앱을 외주로 개발해 자체적으로 앱을 운영하고 있었지만, 이 역시 문제가 있기는 마찬가지였다. 개발 비용이 높고, 개발 기간도 길며, 유지 보수는 아예 이뤄지지 않고 있었다. 창업자는 다수의 박물관, 미술관 관계자들을 만나면서 자신이 정의한 문제에 대한 확신을 가졌고, 그 다음 솔루션 개발에 돌입했다.

그들이 만든 솔루션은 근거리 무선통신NFC, Near Field Communication 기술을 활용한 것인데, 관람객들이 앱을 다운받은 뒤 동선을 따라 작품을 감상하면 그에 맞는 설명이 제공되는 방식이다. 또한 타 어플리케이션 제작 업체와 차별화하기 위해 콘텐츠 수정, 업로드 등 유지 보수 문제까지 확실히 함으로써 고객 만족도를 높였다.

〈표 4〉 소비자와 업체가 느끼는 문제점

소비자 (관람객)	박물관, 미술관 등을 방문할 때마다 오디오 장비를 빌려서 들어가기가 귀찮다. 오디오 품질도 그다지 좋지 않다.
박물관 (실제 고객)	**단말기 오디오 가이드 서비스** : 높은 설치비용 및 유지·보수비용, 대여 과정의 번거로움, 콘텐츠 관리의 비효율성 등
	자체 앱 개발 (외주) : 높은 개발 비용, 오랜 개발 기간, 유지·보수 없음 등

실제 가이드플을 도입한 한 박물관의 경우, 오디오 가이드 서비스를 운영하는데 드는 비용이 전보다 무려 20분의 1 수준으로 떨어졌다고 전했다. 이런 성과를 기반으로 수많은 박물관과 미술관, 예술센터 등을 고객사로 유치하는데 성공했다. 이 외에도 전시회, 유적지, 관광지까지 시장 범위를 넓혀간다면 이들의 성장 속도는 더욱 빨라질 것으로 보고 있다.

전자 메뉴판 서비스 〈그리디씽커스〉 – 사업 방향 전환 사례

식당이나 카페에 가면 가장 먼저 메뉴를 주문한다. 때때로 줄을 서서 기다려야 할 때도 있고, 아니면 테이블에 앉아서 여기 저기 바쁘게 뛰어다니는 직원을 애타게 불러야 할 때도 있다. 최근엔 이런 방식에서 탈피해 태블릿PC나 스마트폰을 이용한 '전자 메뉴판'을 도입하는 곳이 늘어나고 있다. 고객들은 매장에 들어오자마자 테이블에 편안히 앉아 모바일을 이용해 메뉴 정보를 확인하고 주문을 하는 것이다. 심지어 결제까지 원스탑으로 가능하게 만들어놓은 곳도 있다. 그리디씽커스는 이러한 '전자 메뉴판'을 개발해 국내 음식점에 제공하고 있는 스타트업이다.

사실 그리디씽커스의 초창기 사업모델은 지금과는 많이 다른 모습이었는데, 전자 메뉴판으로 사업 방향을 전환하기까지 우여곡절이 많았다. 창업자가 처음 생각했던 사업 아이템은 식당에서 줄을 서서 기다리는 대기 고객들을 효율적으로 관리하는 시스템이었다. 식당에 미리 설치해둔 NFC^{Near Field Communication, 근거리 무선통신} 태그에 스마트폰을 가져다 대면, 대기 순번과 예상 대기 시간이 뜨는 것이다. 만약 대기 시간이 길어진다면 그 시간 동안 무엇을 할 수 있을지 주변의 카페나 미술관 등을 추천해주고, 자리가 준비되면 메시지를 보내 고객이 매장으로 올 수 있게 안내한다.

우리 또한 사람들이 길게 줄 선 맛집에서 고픈 배를 부여잡고 차례가 오기를 간절히 기다려본 경험이 있다. 그럴 때 어떻게 했는가? 종이 혹은 화이트 보드판에 이름과 휴대폰 번호를 적어놓고 직원들이 불러줄 때까지 기다리지 않았는가? 간혹 진동벨을 사용해 고객을 안내하는 곳도 있지만, 비용 부담이 커서 몇몇 대형 레스토랑에 한해 도입할 뿐이었다. 창업자는 이런 상황을 문제로 정의했고, 모바일 앱 '노웨이팅 노스트레스'를 개발해 본격적으로 사업에 뛰어들었다.

내가 창업자를 만난 시점은 이 앱의 개발이 약 50% 완성된 시점이었다. 창업자는 저렴한 비용으로 대기 고객들을 효율적으로 관리할 수 있게 되니, 많은 식당에서 앞 다투어 자신이 개발한 서비스를 도입할 것이라 예상했다. 하지만 문제 검증의 단계를 거치지 않은 상황이었기에 함부로 시장성을 판단할 순 없었다. 나는 창업자에게 현재 개발하고 있는 서비스에 대해 시장 반응을 먼저 조사해보자고 제안했다. 곧바로 100여 개의 레스토랑 모집단을 선정했고, 그곳들을 일일이 찾아다니며 설문 조사를 시작했다.

그러나 시장 조사 결과는 처참했다. 100개의 식당 중 단 한 군데도 이 시스템을 도입할 의사가 없었던 것이다. 대기 고객 관리가 매출을 극대화시키는 요소는 아니라는 것이 그 이유였다. 생각해보면 아무리 맛있는 식당이라도 고픈 배를 달래가며 1시간 이상 기다리는 고객은 많지 않다. 그러니 레스토랑 입장에서는 같은 돈이라면 좀 더 매출을 극대화시키는 곳에 투자하고 싶은 것이 당연했다.

계속해서 강조하지만 고객이 필요성을 느끼지 못하는 서비스는 개발할 가치가 없다. 일말의 희망을 품고 '시장에 출시되고 나면 마음이 바뀔 거야'라고 생각하는 것은 허황된 믿음이다. 결국 멘토링의 방향은 레스토랑에서 느끼고 있는 문제점을 파악하는 1단계부터 다시 시작했다. 이 과정을 전문 용어로 피벗팅Pivoting이라고 하는데, 원래 피벗Pivot은 농구 용어로 한 발을 고정한 채 다른 발을 움직여 방향을 바꾸는 것을 의미한다. 사업에서 피벗팅을 한다는 것은 기존의 아이디어를 완전히 버리지 않으면서 약간의 변화를 통해 사업의 방향을 전환하는 것을 뜻한다.

〈피벗팅〉

다행히 그리디씽커스 창업자는 시장 조사를 하는 과정에서 고객의 새로운 니즈를 발견할 수 있었다. 레스토랑 홀 점원의 인건비가 상승하면서 점주들에게 부담이 되고 있었고, 이를 해결할 수 있는 자동화 시스템에 대한 수요가 있었던 것이다. 그때부터 방향을 틀어 인건비를 절감시킬 수 있는 IT 솔루션에 대해 고민하기 시작했다. 그렇게 나온 아이디어가 '전자 메뉴판'이었다. 고객이 전자 메뉴판으로 주문을 하면 매장의 POS 기기로 주문 내역이 자동으로 전송되고, 점주는 접수된 주문을 확인해서 주방에 알려주기만 하면 된다. 당연히 홀 서버의 역할은 전보다 줄어들 수밖에 없었다. 더 이상 주문을 받기 위해 여기저기 뛰어다니지 않아도 되고, 주문한 음식만 가져다주면 되기 때문이다. 이로 인해 점주는 전보다 적은 인원으로 레스토랑을 운영할 수 있었고, 수익률도 대폭 개선됐다.

용기란 두려워하지 않는 것이 아니라 두려우면서도 실행하는 것이라고 이야기한다. 창업자는 항상 사람들을 만나면서 자신의 생각을 끊임없이 검증받아야 한다. 비판, 거절을 두려워해선 절대 안 된다. 만약 고객과의 인터뷰를 통해 자신이 정의한 문제가 틀렸다는 결론에 도달하면, 과감히 포기하고 피벗팅(방향 전환)을 통해 고객이 원하는 제품을 만드는데 집중해야 한다. 절대 자기만의 세계에 빠져서 제품을 만드는 실수를 저질러선 안 된다. 만약 피벗팅을 해야 하는데도 그 상황을 받아들이지 않고 미루는 것은 나중에 받게 될 고통의 크기를 점점 불리는 것과 똑같다.

창업은 처음부터 완벽한 아이디어를 내놓고, 실행에 옮기면 되는 것이 아니다. 자신의 생각을 검증을 통해 갈고 닦고, 수정하고, 고도화해 나가는 것이 창업이다. 수정은 기본이요, 때로는 몇날 며칠 밤새도록 고민한 것을 모두 뒤엎어야 하는 상황을 맞이할 수도 있다. 하지만 그 또한 창업자가 견뎌내고 감내해야 할 숙명이다. 글로벌 결제 서비스 업체인 페이팔^{PayPal}도 보안 소프트웨어에서 시작해 여섯 차례에 걸친 피벗팅 끝에 지금의 모습을 갖추었다. 심지어 8~9번의 피벗팅을 하는 기업도 봤다. 물론 처음의 아이디어를 시행착오 없이 진행시키는 것이 가장 이상적이겠지만, 그런 경우는 거의 없다고 보면 된다. 창업은 이 과정을 버텨낼 수 있는 용기와 정신력까지 필요로 한다.

〈표 5〉 소비자와 업체가 느끼는 문제점

소비자	주문을 위해 줄을 서서 기다리는 것도, 직원을 계속 불러야하는 것도 싫다. 간혹 메뉴판에 제대로 된 설명을 적지 않아 메뉴 선택에 어려움을 겪는 것도 불편하다. 좀 더 쉽고 편안하게 주문할 수 있는 환경이 만들어진다면 좋겠다.
외식업체 (실제고객)	홀 점원의 인건비가 상승하면서 식당 운영에 부담이 되고 있다. 인건비를 절감할 수 있는 자동화 시스템이 있으면 좋을 것 같다.

페인킬러
Painkiller ^{진통제}를
만들어라

———————

고객의 문제, 불편을 검증했다면 이제부터는 본격적으로 문제를 해결할 솔루션을 만들 차례다. 실리콘밸리에서는 이러한 제품을 두고 고통을 없애준다고 해서 'Painkiller(진통제)'라고 부른다. 머리가 깨질 듯이 아픈데 돈이 아까워서 진통제를 안 사먹는 사람은 없듯이, 창업을 할 때도 이런 진통제와 같은 제품을 개발한다면 사람들이 구매할 가능성이 높다. 고통이라는 것은 어떻게 해서든 없애고 싶은 문제이기 때문이다.

하지만 시장에 비슷하거나 똑같은 제품이 있다면 이야기가 조금 달라진다. 두통약이 타이레놀뿐이라면 시장을 독점할 수 있지만, 게보린도 있고, 펜잘도 있다면 선택의 폭이 넓어지기 때문이다. 이렇게 되면 기업은 제품의 성능, 가격, 마케팅 등에서 어떻게든 차별화를 만들어서 경쟁사로부터 소비자를 지키거나 빼앗아 와야 한다. 만약 경쟁 제품보다 매력적이지 않다면 고객들은 별다른 관심을 보이지 않을 것이다. 그런데 생각보다 많은 창업자들이 경쟁사 분석을 등한시 하는 경향이 있다. 이 역시 자신의 아이디어에 너무 심취할 때 생기는 문제다.

"제 아이디어는 세계 최초입니다."

"전에는 존재하지 않았던, 완전히 새로운 방식의 시도입니다."

이렇게 말하는 스타트업 치고 그 아이디어가 정말로 세계 최초이거나, 완전히 새로운 경우는 거의 없었다. 자세히 들여다보면 시장에 이미 있는 제품이거나, 다르다 하더라도 소비자 입장에선 차이를 거의 못 느낄 만큼 아주 미세하게 다른 것이 대부분이다.

실제 멘토링을 받기 위해 찾아오는 학생들과 이야기를 나누면서도 종종 놀라곤 한다. 자신들이 만든 제품과 동일한 제품군을 만들고 있는 경쟁사의 존재를 전혀 모르고 있는 이들이 많기 때문이다. 모든 경쟁사에 대해 샅샅이 다 알 필요는 없다 치더라도 적어도 브랜드 인지도와 시장 점유율이 가장 높은 회사는 알고 있어야 하는데, 그마저도 모를 때가 있다. 스타트업 멘토링을 하면서 가장 힘이 빠지는 순간이다. 창업을 하고자 하는 최소한의 노력과 성의마저 없어 보이기 때문이다. 만약 투자 설명회에서 경쟁사에 대한 질문에 제대로 대답을 하지 못한다면, 그 스타트업에 대한 신뢰도는 순식간에 바닥으로 떨어지고 만다.

고객이 A라는 제품을 가지고 있는데, 비슷한 기능의 B 제품을 출시하게 됐다고 가정해보자. 고객이 B 제품을 사려고 하면 전환비용Switching costs이 발생한다. 전환비용은 다른 것으로 바꾸고자 할 때 들어가는 비용으로 단순히 금전적인 비용만을 의미하지는 않는다. 새로운 제품에 대한 정보를 수집하고 판단하는 시간과 노력, 제품을 바꾼 뒤에 익숙해지기까지 들어가는 시간 등 무형의 비용까지도 포함하는 개념이다. 굉장히 귀찮고 번거로운 일임엔 틀림없다. 그렇다면 고객이 이 비용을 감수하면서까지 B 제품을 선택하도록 하려면 어떻게 해야 할까?

고객은 크게 두 가지의 경우에 마음이 흔들린다. 첫째로 B 제품이 정말 확 끌릴만한 매력을 가지고 있어서 사지 않고서는 못 배길 때, 둘째로는 제품을 바꿀 때 할인 혜택을 많이 받을 때다. 이때 혜택을 주는 것은 자본이 부족한 스타트업 입장에서는 엄청난 부담일 수밖에 없다. 또한 인터넷에 가입하거나 휴대폰을 바꿀 때 현금이나 상품권 등을 주며 고객들을 회유하는 정책을 펼치는 통신사 간 싸움만 보더라도 가격 인하, 혜택 제공 등의 정책은 결국엔 경쟁사 간 제 살 깎아먹기 식 전쟁으로 번질 가능성이 높다. 그보다는 고객에게 충분히 어필할 수 있을 만큼 매력적인 제품을 내놓는 것이 정신 건강에 훨씬 좋다. 결국 결론은 누구도 해결하지 못한 미결의 문제를 해결하는 것. 그래서 경쟁사가 파악하지 못한 새로운 수요를 창출하고, 해당 시장을 독점 혹은 선점하는 것이 가장 이상적이라는 사실에 이른다.

경쟁사 분석과 관련해 또 다른 경우를 생각해볼 수 있다. 자신이 도전하려는 사업이 누군가가 이미 시도했다가 실패 또는 철수한 경우다. 얼마 전, 전국 대학의 교내 식당 메뉴와 주변 식당 정보를 제공하는 앱을 만들겠다고 도전장을 내민 학생들이 있었다. 그러나 이 아이디어는 '배달의 민족'에서 '캠퍼스밥'이라는 앱을 출시해 한 차례 시장에 선보인 적이 있는 아이템이었다. 그보다 더 중요한 것은 '캠퍼스밥'의 수익성이 떨어져 사업을 철수했다는 사실이다. 그 학생들은 오히려 시장에서 경쟁자가 사라진 것이기 때문에 자신들에게 기회가 될 것이라고 했지만, 식당 정보에 대한 뛰어난 노하우를 가진 기업에도 불구하고 사업화하길 포기했다면, 그 아이템에 대해 냉정하게 다시 한 번 들여다 볼 필요가 있었다. 아니나 다를까 그 팀이 생각하고 있는 수익모델은 '배너 광고'였다. 사실 앱을 이용하는 유저 입장에서 배너 광고만큼 성가신 게 없다. 그래서 최근 모바일 광고 시장에서 가장 찬밥 취급을 당하고 있는 것이 배너 광고다. 이런 상황 속에서 배너 광고를 수익 모델로 창업을 한다면, 과연 이들이 얼마나 장기적으로 사업을 끌고 갈 수 있을까? 대답은 물음표일 수밖에 없었다.

만약 자신이 하려는 사업이 기존에 누군가가 한 차례 시도한 적이 있는 것이라면 철수, 실패의 이유까지 철저하게 분석해서 그들의 한계는 무엇이었고, 자신은 그것을 어떻게 극복하고 뛰어넘을 것인지 반드시 대안을 내놓을 수 있어야 한다. 그렇지 않으면, 실패한 기업과 똑같은 전철을 밟을 수밖에 없다.

그렇다면 이번에는 이런 경우는 어떤가? 아무리 찾아봐도 경쟁 제품이 없다고 느낄 때다. 시장을 독점할 수 있겠다는 생각에 쾌재를 부를지도 모른다. 하지만 경쟁 제품이 없다고 느끼는 것은 '착각'일 가능성이 매우 높다. 고객들은 자신들이 겪고 있는 불편함을 해소하기 위해 무언가 다른 활동을 하고 있을 것이 분명하기 때문이다. 투자 설명회에서도 "저희에겐 경쟁사가 없습니다"라고 발표하는 것은 어필, 감동의 요소가 아닌 감점의 요소다. 따라서 고객들이 어디에서, 어떤 방식으로 불편을 해소하고 있는지 찾아내야 한다. 문제 검증 단계에서 고객들과 인터뷰를 진행할 때 구체적으로 어떤 불편함을 느끼고 있는지, 그 문제를 해결하기 위해 현재 무엇을 하고 있는지(다른 제품을 쓰고 있는지, 자신만의 방법을 만들었는지) 등을 물어보라고 강조한 이유도 여기에 있다. '나이키의 경쟁자는 닌텐도다'라는 유명 카피에서처럼 경쟁사는 단지 같은 시장에서 같은 제품을 판매하는 기업만을 의미하지는 않는다. 때문에 경쟁사를 분석할 땐 좀 더 넓은 시야로 바라보면서, 대체재와 유사제품까지 고려해야 한다. 모 정수기 업체에서 자신들의 경쟁자를 '정수기 옆에 있는 자판기'라고 정의했다는 것처럼 폭넓은 시각으로 경쟁사를 바라보면 보다 다양한 전략과 아이디어를 낼 수 있다.

이렇게 경쟁사 분석까지 끝냈다면 본격적으로 솔루션을 설계하면 된다. 문제를 정의하고 검증하는 단계에서 솔루션을 미리 짜놓았을 수도 있겠지만, 리스크를 최소화하기 위해선 문제 검증까지 끝낸 다음 해결책을 완성하는 것을 추천한다. 본인은 문제 정의를 잘 했다고 생각해도 실제 검증 단계에서 모든 걸 뒤엎고 새롭게 시작해야 할 수도 있다는 것을 우리는 앞서 여러 사례를 통해 확인했다. 그렇게 되면 힘들게 솔루션을 생각하고 설계해놓아도 의미가 없어진다. 따라서 솔루션의 대략적인 방향성과 틀만 잡아놓고, 완성도를 높이는 것은 문제 검증 이후에 하는 것이 좋다.

솔루션을 설계할 때는 딱 두 가지만 생각하면 된다. 고객의 고통을 없애주는 것이냐, 경쟁자보다 더 나은 해결책을 제시했느냐 하는 것이다. 두 가지 질문에서 모두 '그렇다'고 자신 있게 대답할 수 있다면, 성공을 기대해도 좋다. 하지만 그 대답은 문제 검증에 이어 이번에도 역시나 창업자 자신의 몫이 아닌, 잠재 고객의 몫으로 돌려야 한다. 즉, 솔루션을 만든 후 다시 그것을 고객 인터뷰를 통해 검증해야 한다. 고객을 만날 때는 솔루션에 대한 이해도를 높이기 위해 스토리보드를 그리거나 프로토타입의 제품을 만들어서 보여주는 것이 좋다. 그리고 자신이 만든 솔루션에 대해 어떻게 생각하는지, 시장에 출시된다면 돈을 주고 구매할 가치가 있다고 느끼는지, 지불할 수 있는 가격의 마지노선은 어느 정도인지, 제품이 부족하다고 느낀다면 어떤 점에서 그렇게 느끼는지, 추가적으로 어떤 기능이 있었으면 좋겠는지 등을 물어보면서 솔루션의 완성도를 높여나가면 된다.

앞서 사례로 든 '톡센터'를 만든 스타트업 '내쉬스'의 경우 시장에 출시하기 전, 솔루션을 검증하기 위해 서대문구 주민들을 대상으로 한 달 간 시장 조사를 벌였다. 그들이 개발한 어플리케이션 '톡센터'를 다운받게 한 다음 설문조사를 통해 의견을 구했다. 대부분의 사람들이 "필요한 서비스였다", "출시되면 쓰겠다"라는 반응을 보였다. 놀라운 것은 한 달 동안 2,000명의 다운로드가 발생했고, 3,000건 이상의 문의 사항이 접수됐다는 사실이다. 솔루션 검증 단계에서 이만큼의 성과를

냈다면, 실제 서비스를 런칭한 이후의 결과는 말할 것도 없다. 이렇게 솔루션 검증 단계에서 잠재 고객들로부터 긍정적인 피드백을 받았을 때, 진정한 의미의 '사업 아이템 발굴'에 성공했다고 할 수 있다. 그렇지 않은 아이디어는 허술하게 쌓은 모래성과도 같아서 언제든 무너지고 뒤집힐 수 있다.

아래 대화는 '이웃농촌'이라는 신규 사업을 해나가는 단계에서 솔루션 검증을 위해 잠재 고객을 찾아가서 나눈 대화를 재구성한 것이다. 이웃농촌은 기존의 복잡한 농산물 유통구조를 개선하기 위해 만든 '농산물 온라인 직거래 플랫폼'으로 첫 번째 목표 고객으로 외식 프랜차이즈 본사를 선정했다. 외식업체가 직거래를 확대하면 농가는 보다 안정적인 판로를 확보할 수 있고, 외식업체는 가격 경쟁력을 확보할 수 있기 때문이다. 또한 수많은 가맹점을 가지고 있는 프랜차이즈 본사를 고객으로 유치한다면 사업 초반부터 거래량을 높일 수 있다는 장점도 있었다. 편의상 이웃농촌 담당자를 A로, 프랜차이즈 본사 직원을 B로 표현했다. 직접 고객을 만나서 솔루션을 검증하는 것이 얼마나 기존의 아이디어를 발전시킬 수 있는 것인지 확인해볼 수 있다.

A: '이웃농촌' 서비스는 중간 유통 단계를 거치지 않고, 농가에서 직배송을 하는 서비스입니다. 유통 단계가 대폭 줄어드니 좋은 물건을 아주 저렴하게 구입할 수 있죠. 또 저희는 어떤 농가에서 어떤 과정을 거쳐 재배된 작물인지 투명하게 정보를 공개하고 있는데요. 요즘 고객

들 입맛도 까다롭고 원산지도 꼼꼼히 따지는데, 식재료에 대한 정보를 마케팅에 활용하신다면 브랜드에 대한 신뢰도를 높이는데도 도움이 될 겁니다.

B: 괜찮네요. 사실 농산물은 현재 본사에서 관리하지 않고, 각 매장에서 알아서 구입하도록 권유하고 있거든요. 농산물을 본사에서 대량 구매해서 일괄 배송하게 되면 신선도가 떨어질 수밖에 없어서요. 만약 이웃농촌 서비스를 이용한다면 저희한테도, 가맹점한테도 좋을 것 같습니다. 본사에서는 가맹점들이 어떻게 농산물을 구입해서 쓰는지 알 수 있고, 가맹점주는 저렴하고 편리하게 물건을 살 수 있으니까요.

A: 네, 맞습니다.

B: 그런데 우려되는 게 한 가지 있습니다만.

A: 어떤 부분이죠?

B: 농산물은 오래 놔둘 수가 없어요. 굉장히 빨리 변질되고 시들거든요. 그래서 점주들은 그때그때 필요한 물건을 소량 구매하는 편입니다. 그런데 대량 구매만 가능하다면 곤란할 것 같아요. 예를 들어 점주는 1주일에 100개의 토마토가 필요한데, 주문은 최소 500개부터 가능하다고 한다면 거래 자체가 성립이 안 되잖아요. 그렇게까지 해서 리

스크를 감당하려고 하는 점주들은 당연히 없을 테고요. 혹시 주문 단위에 제약이 있는 건 아니죠?

A: 아! 그 부분은 미처 생각하지 못했네요. 문제될 건 없습니다. 소량 주문도 차질 없이 할 수 있게끔 적용하겠습니다.

B: 그런데 소량 구매는 소진율이 굉장히 빠릅니다. 그래서 물건이 제때 공급이 되는 것이 굉장히 중요해요. 만약 물건이 제때 도착지 못하면, 최악의 경우 그날 장사는 접어야 할 수도 있거든요.

A: 저희는 매장에서 가장 근접한 농가를 찾아서 연결해드리고 있기 때문에 소진율이 빨라도 공급하는 데는 전혀 문제없습니다. 물류 전문 회사와 계약했기 때문에 물류 시스템도 물론 안정적이고요.

B: 그렇다면 또 다른 경우를 가정해보죠. 만약 제가 거래하는 농가가 자연재해로 피해를 입었다거나 다른 변수 때문에 공급에 차질이 생긴다면? 다른 대안이 있나요?

A: 저희가 제휴를 맺고 있는 농가는 전국 약 3만 4천 곳입니다. 각 농가마다 연간 생산량이 어느 정도인지 데이터도 모두 확보하고 있어요. 그래서 물량에 대한 부분도 저희가 미리 예측하고 대응할 수 있습니다. 만약 어떤 농가에 문제가 생겼다면, 다른 농가를 통해서 상품을

공급해드릴 거고요.

B: 흠. 좋아요. 그럼 품질 관리는 어떻게 하고 계시나요?

A: 저희가 정기적으로 농가를 방문해서 사전에 품질을 미리 확인하기 때문에 걱정하지 않으셔도 됩니다.

B: 그런데 현장에선 항상 돌발 변수가 생깁니다. 상태가 좋지 않은 물건을 받을 가능성도 배제할 수 없고요. 만약 호박 100개를 주문해서 받았는데, 품질이 마음에 들지 않는다면 어떻게 합니까?

A: 그 부분은 저희도 고민을 하고 있습니다. 음… 이런 솔루션은 어떠세요? 저희가 배송하기 전에 미리 사진을 찍어서 보내드리면, 그것을 보고 최종 승인을 해주시면 배송을 하는 거죠.

B: 글쎄요. 그건 아닌 것 같아요. 모바일 플랫폼은 편하고 간단해서 쓰는 건데, 발주를 넣고, 사진을 확인하고, 승인을 하는 과정들은 상당히 번거롭고 귀찮게 느껴집니다. 그럴 바엔 맘 편히 그냥 주변 시장에 가서 직접 눈으로 보고 사는 게 훨씬 편하죠.

A: 음… 그 문제에 대해선 좀 더 고민해보겠습니다. 오늘 이야기 나눈 것을 토대로 솔루션을 좀 더 개선해서 다시 한 번 찾아뵐게요.

이렇듯 실제 고객을 만나는 것과 만나지 않는 것은 천양지차天壤之差
다. 자신이 어떤 점을 간과했었는지, 추가로 어떤 점을 보완해야할지
등을 대화를 통해 깨달을 수 있다. 때로는 생각지도 못한 엄청난 수확
을 얻을 지도 모른다. 발품(현장 방문), 손품(메모), 입품(고객 인터뷰)을
많이 팔면 팔수록 더 좋은 아이디어, 더 좋은 솔루션이 나온다는 것을
명심하자.

퍼스널 트레이닝 매칭 서비스 〈헬로마이코치〉

스마트폰이 대중화된 이후, 우리가 겪는 여러 가지 고통, 문제점들을
'모바일'로 해결하려는 시도들이 많아지고 있다. 그 중 최근에 주목받
고 있는 것은 온라인과 오프라인을 연계하는 O2O^{Online to Offline} 서비스
다. 주로 오프라인의 비효율적인 문제를 온라인에서 해결하는 형태의
비즈니스가 많다.

O2O 비즈니스와 관련해 이번에 소개할 스타트업은 퍼스널 트레이너
에게 강습을 받으려는 사람들에게 전문 강사를 연결해주는 '헬로마이
코치' 서비스를 제공하는 '바디온'이다. 그들이 주목한 것은 PT^{Personal}
^{Training} 수업을 받으며 체계적으로 몸을 만들고 싶어 하는 사람들이 겪
는 문제였다.

〈표 6〉 PT 희망자들이 겪어온 문제점

피트니스 센터를 여기저기 돌아다니면서 상담을 받고 비용을 물어보기가 부담스럽다.

PT 전문 강사 정보를 찾기가 어렵다.
강사마다 실력 차이가 크다고 하는데, 어떤 강사가 잘 가르치는지, 또 어떤 강사가 나에게 맞는지 판단하기 어렵다.
먹튀, 환불 거부 등으로 매년 접수되는 소비자 피해 건수가 몇 십만 건에 달한다고 하는데, 혹여나 내가 금전적 피해를 보지 않을까 불안하다.

PT 희망자들은 그동안 이 문제를 해결하기 위해 피트니스 센터 여기 저기 전화 또는 방문을 해서 상담을 받거나, 지인을 통해 알음알음 강사 소개를 받아왔다. 바디온 창업자는 오프라인에서 일어나고 있는 이 문제에 주목했다. 소비자에게 PT 강사를 선택할 수 있는 권리가 전혀 없다는 것. 즉, 강사의 강습 스타일이 본인과 맞지 않을 수도 있고, 강사의 실력이 충분치 않아 불만족스러울 수도 있음에도 리스크를 감안하고 등록을 해야 한다는 사실이었다.

그런데 피트니스 센터 입장에서도 문제가 있긴 마찬가지였다. 대표적인 홍보 수단으로 전단지를 많이 이용하는데, 홍보 효과를 측정하기가 어려울 뿐만 아니라 불특정다수를 대상으로 하기 때문에 상당히 비효율적이었던 것이다. 실제 조사에 의하면 강남에 위치한 한 피트니스 센터의 월 평균 홍보비용은 200만 원에 달하는 것으로 나타났다. 또한 소속 강사들마다 각자 어필하고 싶은 강점과 특기가 있는데, 그것을 고객들에게 어필하는 것이 어렵다는 것도 문제였다. 이를테면 다이어트에 자신 있는 강사, 자세교정에 자신 있는 강사, 근육 만드는 것에 자신 있는 강사가 있는데, 그것을 홍보할 기회가 없었던 것이다.

이런 문제를 해결하기 위해 바디온 창업자는 'Painkiller'로 강사에 대한 정보를 제공하는 모바일 솔루션 '헬로마이코치'를 설계했다. 앱에 접속하면 강사들의 정보를 한 눈에 볼 수 있는데 회원 만족도, 재등록율, 지도 스타일(ex. 스파르타, 유쾌한), 전문분야(ex. 11자 복근, 자세교정), 자격증, 경력 및 활동사항, 다른 회원의 후기 등을 살펴볼 수 있다. 이런 정보들을 미리 파악한 다음 마음에 드는 강사를 고를 수 있으니, 보다 만족스런 PT 강습을 받을 확률이 높아진다. 피트니스 센터 입장에서도 이 플랫폼을 이용하면 정확한 타깃, 즉 PT에 관심이 있는 사람들을 대상으로 홍보할 수 있으니 효율성이 높아진다는 장점이 있었다. 바디온은 이렇게 PT 강사와 회원을 이어주고, 일정 금액의 중개 수수료를 받는 비즈니스 모델을 만들었다.

〈표 7〉 Pain과 Painkiller

Pain	〈회원〉 퍼스널 트레이닝을 받고 싶은데, 정보가 부족하다. 일일이 돌아다니며 상담을 받는 것도 부담스럽다.
	〈PT 강사〉 피트니스 센터로부터 매출 압박이 크다. 하지만 PT에 관심 있는 사람들에게 효율적으로 홍보하는 것도 쉽지 않다. 현재로선 전단지를 뿌리거나 블로그에 홍보 글을 올리는 게 최선이다.
Painkiller	PT 희망 고객과 PT 강사를 이어주는 모바일 플랫폼 '헬로마이코치'

PT는 우리나라에서 이제 막 주목받기 시작한 비즈니스다. 불과 10년 전만 해도 연예인 등 특수 계층만 이용하는 서비스라는 인식이 강했지

만, 언론에 많이 소개되면서 이제는 많은 사람들이 PT 강습을 받기 시작했다. 2015년 서울을 기준으로 PT 시장은 약 2조 원에 달하며, PT 강습을 받고 있는 사람들은 100만 명에 달한다. 성장의 초입기로 시장에 진입하는 시기로는 지금이 가장 적기라고 할 수 있다. 또한 바디온은 피트니스 센터 시장을 기반으로 필라테스, 요가 등으로 시장을 확장할 수 있다는 측면에서 앞으로의 잠재 성장성은 더욱 크다고 볼 수 있다.

여기서 꼭 알아둬야 할 것은 O2O 비즈니스의 핵심은 '정보의 투명성'이라는 점이다. 오프라인에서 쉽게 파악할 수 없는 숨겨진 정보들을 모바일 플랫폼 위에 투명하게 공개하는 것이 O2O 비즈니스의 시작이자 성공 비결이다. 드러나지 않은 정보가 많으면 많을수록 그것을 공개한 솔루션이 나왔을 때, Painkiller로서 시장을 빠르게 선점할 확률이 높다. 최근 정부에서도 각종 공공 데이터들을 공개하고 있는 추세인데, 이것을 활용한 사업을 생각해보는 것도 하나의 방법이 될 수 있겠다.

맞춤형 지도 큐레이션 서비스 〈모두의 지도〉

강남역. 친구들과 수다를 떨다가 밤 11시를 훌쩍 넘겼다. 커피숍 주인은 이제 마감 시간이 다 됐다며 자리를 정리해달라고 했다. 주섬주섬 짐을 챙겨 나왔는데, 뭔가 아쉽다. 이 시간에 문을 여는 다른 카페는 없을까? 주위를 둘러봐도 마땅치 않다. 되도록 푹신푹신한 의자가 있고 디저트가 맛있는 곳이면 좋을 텐데.

한 번쯤 위와 같은 상황에 처해본 적이 있을 것이다. '밤늦은 시간까지 운영하는 강남역 카페', '새벽 강남 카페' 등 각종 키워드를 조합해서 포털 사이트에 검색해보지만, 꼭 맞는 정보를 찾기가 어렵다. 운 좋게 블로그 글을 하나 발견했다 해도 정확한 위치 정보나 전화번호 등을 써놓지 않으면 낭패다. 네이버, 다음 지도 앱도 상호 명을 기반으로 장소를 찾아주기 때문에 내가 원하는 디테일한 조건에 들어맞는 곳은 찾는 것은 불가능하다. 늦은 밤 난감하기 그지없다. 결국 불 켜진 카페를 찾아서 여기저기 무작정 돌아다닐 수밖에 없는 것일까? 스타트업 '모두의 지도' 창업자는 바로 여기서 사람들의 고통, 문제를 발견했고, 위치를 기준으로 장소를 디테일하게 검색할 수 있는 솔루션을 개발했다. '밤늦게', '와이파이', '저렴한', '푹신한 의자', '팀플하기 좋은', '디저트가 맛있는', '흡연 가능한', '혼자 가기 좋은' 등 사람들이 많이 검색하는 몇 가지 키워드를 보여주고 선택하게 한 뒤, 이용자와 가장 가까운 곳에 위치한 곳을 안내하는 것이다. 이렇게 되면 '밤늦은 시간에 푹신한 의자가 있고 디저트가 맛있는 카페'를 찾는 것도, '밤늦은 시간에 친구들과 스터디를 할 수 있고, 흡연이 가능한 카페'를 찾는 것도 가능해진다.

〈표 8〉 Pain과 Painkiller

Pain	내가 원하는 조건에 꼭 맞는 곳을 찾고 싶은데, 기존의 지도 서비스, 포털 사이트 등으로는 찾기가 어렵다.
Painkiller	조건 검색이 가능한 지도 앱 '모두의 지도' (솔루션을 설계한 다음, 고려대생 150명을 대상으로 설문 조사를 했다. 그 결과, '저렴한', '양 많은', '친절한', '혼자 가기 좋은' 등 잠재 고객들이 가장 필요로 하는 항목들을 추릴 수 있었다.)

누울 자리를
보고 뻗어라

문제를 정의하고 솔루션까지 제시했다면 절반은 달려온 셈이다. 그러나 안타깝게도 이렇게 시작한 100개의 기업 중 99개는 실패한다. 왜 이런 참혹한 결과가 발생하는 것일까? 속담을 빌려 표현하자면 누울 자리를 안 보고 발을 뻗었기 때문이다. 즉, 자신이 들어가고자 하는 시장 환경이 어떤지, 경쟁자는 누가 있는지 등을 파악한 다음 탄탄한 전략을 세워 움직여야 하는데, 대다수의 스타트업들이 처음부터 너무 큰 시장을 목표로 해서 실패를 하고 마는 것이다.

역사적으로 시장 분석을 가장 잘했던 인물로 이순신 장군을 꼽을 수 있다. 12척의 배로 133척을 이긴 명량해전에서 그의 지략은 빛을 발한다. 이순신 장군이 전투 장소로 정했던 울돌목은 폭 294m의 좁은 해협으로 하루 두 번 조수간만에 따라 물이 역류하는 곳이었다. 좁은 해협이다 보니 왜적선이 대규모로 한꺼번에 들어올 수 없었고, 여기에 조류의 흐름까지 이용한다면 12척의 배로도 충분히 이길 수 있다고 판단한 것이다. 결전의 날. 왜군은 이순신 장군의 유인 전략에 휘말려 당초 집결한 330척의 함선을 동원하지 못하고 133척만으로 명량해전에 뛰어들었다. 그리고 그의 예상대로 133척마저도 조류가 세고 좁은 울돌목에서는 30여척만 들어갈 수 있었다. 그것도 일렬로 줄지어서 말이다. 애당초 1대 30으로 싸워야 했던 싸움을 1대 3으로 줄이고, 싸우는 장소마저 자신이 가장 잘 아는 곳으로 정했으니 승리는 따 놓은 당상이었다.

스타트업도 이순신 장군처럼 '이겨놓고 싸우는' 전략을 펼쳐야 한다. 창업 초창기엔 인력도 자본도 절대적으로 부족한 상황이다. 그런데 수백, 수천억의 자본력과 탄탄한 영업망, 그리고 각 분야의 전문 인력까지 갖춘 대기업과 맞붙는 시장에 들어간다면 결과는 어떻게 될까? 그것은 마치 이순신 장군이 망망대해의 드넓은 바다에서 12척의 배로 330척의 왜군과 싸우겠다고 덤벼드는 것과 같다. 이렇게 아무 전략도 없이 맞붙었다가는 이기는 것은 고사하고 사지 멀쩡하게 살아남는 것조차 어려울 것이다. 이순신 장군이 울돌목을 싸울 곳으로 선택한 뒤 조류의 흐름을 이용해 전선에서 경쟁 우위를 만들어냈듯, 스타트업 또한 목표 시장을 최대한 좁힌 후에 고도의 전략으로 자신만의 경쟁 우위를 구축해야 한다.

대표적인 성공 사례로 치킨 브랜드 '네네치킨'을 들 수 있다. 의정부에서 시작한 네네치킨은 초창기 가맹점을 확대하는 단계에서 의정부에 한해 매장을 내어주었다고 한다. 서울, 대전, 대구, 부산 등에 10개의 가맹점이 흩어져있는 것과 일정 지역에 10개의 가맹점이 몰려있는 것은 효율성 면에서 차이가 있다고 판단했기 때문이다. 한 지역에 가맹점이 집중되어 있으면 사람들 눈에 잘 띄게 때문에 그 자체로도 홍보가 될 수 있고, 물류비를 아낄 수 있을 뿐만 아니라 관리도 수월했다. 그렇게 네네치킨 브랜드는 의정부를 시작으로 한 지역씩 점령해나가는 전략으로 단기간에 급성장할 수 있었다.

이렇듯 작은 시장부터 시작하라는 것이 결코 꿈과 목표를 낮추라는 이야기가 아니다. 개인적으로 멘토링을 했던 스타트업 중에 시장 규모가 10억 밖에 안 돼서 사업을 포기하겠다는 팀도 있었다. 하지만 시장 규모가 작다고 해서 사업을 포기하거나 망설이는 것은 바보 같은 짓이다. 시장은 키워갈 수 있고, 핵심역량을 기반으로 연관 시장이나 유사 시장으로도 진출할 수 있기 때문이다. 또한 10억 짜리 시장을 도모해본 경험이 있어야 100억 짜리 시장을 도모할 수 있고, 100억 짜리 시장을 도모해본 경험이 있어야 1,000억 짜리 시장을 도모할 수 있다. 의정부에서 시작한 네네치킨은 이제 해외 시장 진출에 박차를 가하고 있다. 처음엔 의정부에서, 그 다음 도봉구에서, 그리고 서울 전체에서, 마침내 대한민국에서 성공했기 때문에 세계 시장이라는 더 큰 시장에 자신 있게 도전할 수 있는 것이다. 1조 규모의 시장에 도전한다 해도 그곳에서 0.0000000000000001% 점유율도 차지하지 못하고 흔적도 없이 사라지는 것보다 단 10억 규모의 시장에서라도 50% 이상 점유율을 차지해 브랜드 인지도를 높이고, 그것을 기반으로 사업을 점점 확장해나가는 것이 훨씬 더 현명한 방법이다. 사실 대자본을 갖춘 기업이라면 어마어마한 돈과 인력을 투입해서 단번에 큰 시장을 잡을 수도 있겠지만 대부분의 스타트업은 돈, 시간, 인력이 항상 부족하다. 때문에 작은 시장에서 성공의 경험을 쌓고 그 노하우를 바탕으로 점차 시장을 확장해나가는 전략을 써야 한다. 시작은 미약하나 끝은 창대하리라는 말처럼 창업의 핵심은 경험과 노하우를 축적해서 더 큰 시장으로 나아가는 것에 있다. 사업은 절대 로또처럼 큰 한 방을 노리는 것이 아니다.

내가 운영하고 있는 씨엔티테크도 위와 같은 방식으로 성장해왔다. 사업을 처음 시작했던 2003년 당시 목표 시장은 '피자 주문중개 플랫폼' 시장이었다. 피자 프랜차이즈들을 대상으로 콜센터와 온라인 주문중개 플랫폼을 도입한 것인데, 당시만 해도 피자 프랜차이즈가 10여개밖에 되지 않아서 목표 시장이 굉장히 좁은 편에 속했다. 누군가는 나의 사업 규모를 보고 콧방귀를 뀌었지만, 개의치 않았다. 피자 시장은 사업의 첫 번째 관문이지 최종 목적지는 아니었기 때문이다. 그렇게 피자 시장을 완전히 섭렵한 후 치킨 시장으로, 족발 시장으로, 보쌈 시장으로, 햄버거 시장으로 점차 확대해나갔고 현재는 '외식 주문중개 플랫폼' 시장에서 96%의 시장 점유율을 차지하는데 성공했다. 피자 시장에서의 성공이 기반이 되어 다른 시장에서도 동일한 성공을 만들어낼 수 있었던 것이다.

다시 한 번 강조하지만 시장은 쪼개고, 좁히고, 명확히 할수록 좋다. 그럴수록 시장이 한 눈에 들어오기 때문에 일이 더 수월해지고, 전략을 짜기도 쉬우며, 자신이 해야 할 일들의 우선순위도 잘 가려낼 수 있다. 예를 들어 씨엔티테크의 목표 시장은 외식 주문중개 플랫폼이지 외식 시장이 아니기 때문에 지금껏 외식업을 한다고 식당을 차리는 일은 없었다. 솔깃한 외식업체 M&A 제안도 몇 번 들어왔지만, 핵심역량이 아니기 때문에 과감히 포기했다. 그저 외식 주문중개 플랫폼 시장을 키워나가기 위한 기술과 인재 양성에 투자할 뿐이다.

〈외식 주문중개 플랫폼〉

❷ 주문중계

❸ 플랫폼

❶ 외식시장

B2B를 목표 시장으로 잡아라

시장을 작게 가져가는 방법으로 앞서 언급한 네네치킨의 사례처럼 지역을 쪼개서 공략하는 방법도 있지만, 가장 추천하는 방법은 B2B[Business to Business]를 경유해 B2C[Business to Consumer]로 가는 비즈니스 모델이다. 카카오톡, 라인, 페이스북, 에어비앤비… 이름만 들어도 다 아는 이 기업들의 공통점은 일반 대중들을 대상으로 B2C 사업을 한다는 것이다. B2C 사업으로 성공하게 되면 이들과 같이 화려한 성공을 맛볼 수 있다. 자신이 만든 브랜드가 세상 모든 사람들에게 널리 알려지는 것만큼 짜릿하고 기분 좋은 일은 없을 것이다. 대부분의 스타트업도 이런 환상을 가지고 처음부터 B2C 사업을 계획한다. 하지만 B2C는 막대한 자본과 감각적인 마케팅을 필요로 하기 때문에 제대로 시작하기도 전에 벽에 부딪히는 경우가 많다. 벤처캐피탈로부터 거대 자본을 투자받아 진행할 수도 있고, 홍보비용 없이 기발한 바이럴 마케팅으로 성공한 스타트업도 있지만 이 역시 극소수에 불과한 것이 현실이다.

그럴 땐 B2B를 먼저 생각해보자. B2B 비즈니스는 B2C보다 접근하기도 쉬운데다 성공 확률도 10배 이상 높다. 그 이유는 첫째, 시장 분석과 예측이 상대적으로 용이하기 때문이다. 내가 만약 외식 주문중개 플랫폼 사업을 시작했을 때, 피자 프랜차이즈 본사가 아닌 일반 소비자들을 대상으로 했다면 어땠을까? 자본도 인력도 없는 상황에서 수많은 사람들을 만나서 시장 조사를 하는 것이 쉽지만은 않았을 것이다. 하지만 피자 프랜차이즈 본사를 대상으로 했기에 당시 존재했던 10개의 회사들만 돌아다니면 됐다. B2C 사업이었다면 적어도 1,000만 명의 모집단을 만들어서 조사를 해야 했을 텐데, B2B였기 때문에 훨씬 수월하게 시장 조사를 끝마칠 수 있었다.

또한 B2B 비즈니스를 하게 되면 제품을 예측적으로 개발하지 않아도 된다는 장점이 있다. 시장 조사 자체가 '사업 제안'이 되기 때문이다.

B2B는 고객사의 경영자나 임원진과의 미팅을 통해 그들의 문제를 듣고, 해결방안을 제안하는 형태로 이야기가 오고간다. 그때 자신의 제안이 받아들여지면 계약으로 이어지고 개발에 들어가게 된다. 하지만 B2C는 시장 조사를 통해 긍정적인 반응을 끌어냈다고 해도 그것이 계약으로 이어지는 것은 아니다. 개개인들과 계약을 한다는 것 자체가 불가능하기도 하다. 이런 측면에서 봤을 때 B2B 비즈니스는 사업적으로 굉장히 안정적인 구조를 가지고 있으며, 리스크도 훨씬 적은 편에 속한다고 볼 수 있다.

B2B가 B2C보다 성공 확률이 높은 세 번째 이유는 거래 단위에 있다. 스타트업이 자금 조달과 판로 확보에 어려움을 겪는 시기를 이른바 '죽음의 계곡Death Valley'이라 하는데, 많은 스타트업들이 아이디어를 사업화 하는 과정에서 이 시기를 버티지 못하고 무너진다. 이 계곡을 빨리 벗어날 수 있는 방법 또한 B2B에 있다. 기업을 고객으로 유치하면 한 번의 계약으로도 큰 매출을 발생시킬 가능성이 높기 때문이다. A라는 기업과 계약을 맺은 뒤, 내가 만든 제품이 그 기업의 직원들에게 하나씩 지급된다고 가정해보자. 한 명 한 명에게 판매하는 것보다 훨씬 더 많은 매출을 빠른 시간 안에 일으킬 수 있다. 그에 반해 B2C 사업은 마케팅을 통해 사람들에게 알리는 시간과 비용이 많이 들고, 큰 매출을 발생시키기까지 매우 오랜 시간이 걸린다.

B2B를 거쳐 B2C로 확장해나가는 전략을 제대로 실천하고 있는 스타트업으로는 종이 문서를 디지털로 변환해주는 '악어스캔'이라는 곳

을 주목해볼 만하다. 그들의 궁극적인 목표는 개인들을 대상으로 서비스를 제공하는 것이지만, B2B 시장을 공략해 안정적인 매출을 확보하고 브랜드 인지도를 쌓는 것을 1차 목표로 두었다. 그래서 가장 먼저 공략한 시장이 의료 시장이었다. 오래된 병원에 가면 책장 여기저기에 종이 차트들이 빼곡하게 끼워져 있는 것을 볼 수 있다. 악어스캔 창업자는 이것을 보다 체계적으로 관리하고 싶어 하는 병원 측의 니즈를 발견했고, 그 시장을 먼저 공략하기로 했다. 아무래도 개인들보다는 훨씬 더 방대한 양의 문서를 취급하고 있었기 때문에 단번에 큰 매출을 일으킬 수 있었다. 하지만 처음부터 개인을 대상으로 사업을 진행했다면 어땠을까? 어떻게 홍보를 하고, 판로를 개척해야 했을까? 악어스캔 창업자는 그런 막막함에서 벗어나기 위해 B2B 시장을 선택했고, 그 중에서도 시장을 한 번 더 좁혀 '의료 시장'에 집중했다. 여기에서의 성공 경험을 바탕으로 현재는 금융권, 개별 기업 등으로 거래처를 차근차근 늘려나가고 있다.

만약 자신이 만든 제품을 어디서부터 어떻게 팔아야할지 고민하고 있다면, 혹은 이미 시장에 내놓았는데 잘 팔리지 않고 있다면 무리하게 돈을 써가며 마케팅을 펼치기보다 B2B 비즈니스로의 전환을 고려해보자. 가장 좋은 사업의 틀은 앞서 살펴보았듯 B2B 시장을 독점해서 절대적인 경쟁우위를 만든 다음, 거기서 쌓은 노하우와 자본으로 B2C 시장에 진입하는 것이다.

빅 데이터로 목표 시장을 분석하라

시장을 분석하고 목표 시장을 선택하는데 '빅 데이터'를 활용할 수도 있다. 빅 데이터는 각종 데이터, 스마트폰 위치 정보, 신용카드 결제 정보, 우리가 매일 SNS에 남기는 글 등 디지털 환경에 남기는 각종 발자취를 의미한다. 그 유형 또한 문자, 숫자, 영상, 이미지 등 매우 다양하다. 우리의 일상 대부분이 디지털과 연결되어 있다는 것을 감안하면 하루에 생성되는 데이터의 양은 실로 어마어마하다고 할 수 있다. 예전에는 이런 데이터가 의미 없이 쌓이고만 있었지만, 이제는 각 기업에서 각종 데이터들을 분석하기 시작하면서 새로운 정보로서 가치를 발휘하고 있다.

재밌는 사례로 미국의 평범한 카지노 호텔 체인이었던 하라스現 시저스 엔터테인먼트를 들 수 있다. 하라스는 빅 데이터를 분석해 목표 시장을 새롭게 선정함으로써 단숨에 업계 3위에서 1위로 거듭난 역전 홈런의 주인공이다. 하라스 경영진은 카지노를 방문하는 고객들의 정보를 분석하던 중, 호텔 이익에 가장 많이 기여하는 고객들이 극소수의 VIP 고객들이 아니라 호텔 주변에 거주하는 평범한 지역 주민이라는 사실을 알아낼 수 있었다. 그들이 하루에 쓰는 돈은 많지 않지만, 그 대신 정기적으로 카지노에 방문해서 게임을 즐겼다. 티끌 모아 태산이라고 그렇게 발생되는 매출이 상당했던 것이다. 하라스 호텔은 이 데이터를 기반으로 그들이 공략해야 할 목표 시장이 '지역 주민'임을 알았고, 그 즉시 카지노를 '가족 오락 공간'으로 대대적으로 리모델링했다. 재개장 이후엔 전보다 더 많은 고객들이 몰리기 시작하더니, 심지어 업계 1위였던 시저스까지 인수하며 카지노 업계의 절대강자로 등극할 수 있었다.

이렇듯 빅 데이터 분석 하나만 제대로 해도 기업의 운명이 달라진다. 그렇다면 우리는 어떻게 빅 데이터를 활용해 창업을 해야 할까? 반갑게도 각종 기관에서 예비 창업자들을 위해 빅 데이터 분석 자료를 무료로 제공해주고 있으니, 우리는 이 자료들을 이용해서 목표 시장을 분석할 수 있다. 다음에 소개할 것들은 특히 외식업 쪽으로 창업을 준비하는 이들에게 유용한 정보가 될 것이다.

먼저 한국정보화진흥원NIA의 빅 데이터 센터(www.kbig.kr)에 의뢰하면 카드사와 VAN사의 데이터를 제공받을 수 있다. 우리가 매일 긁는 카드의 결제 정보는 가맹점과 VAN사를 거쳐 카드사로 전달되는데, 카드사 전산센터에는 누가, 언제, 어디서, 어떻게, 얼마의 돈을 썼는지 기록이 남는다. 이 정보를 분석하면 소비패턴, 상권 등 다양한 정보들을 파악할 수 있다.

〈동별 평균 월매출 상위그룹〉

위 그래프는 2012년의 데이터를 받아서 분석해본 것이다. 패스트푸드 매장을 창업한다고 했을 때 가장 매출이 높은 곳이 어디인지 분석해보았더니, 위 다섯 군데가 도출되었다.

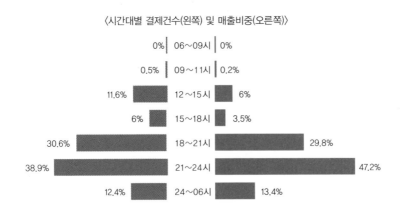

〈시간대별 결제건수(왼쪽) 및 매출비중(오른쪽)〉

결제건수	시간대	매출비중
0%	06~09시	0%
0.5%	09~11시	0.2%
11.6%	12~15시	6%
6%	15~18시	3.5%
30.6%	18~21시	29.8%
38.9%	21~24시	47.2%
12.4%	24~06시	13.4%

위 그래프는 서울 지역 치킨 전문점들의 시간대별 매출 비중이다. 구체적인 브랜드명은 알 수 없어도 전체 매장의 합산된 정보는 알 수 있다. 매출 비중을 보면 밤 9시에서 자정까지의 시간대에 하루 매출의 대부분이 몰리는 것을 확인할 수 있다. 이 데이터를 토대로 운영 전략을 짠다면, 밤 9시부터 자정까지만 알바를 고용하고 다른 시간대엔 혼자 운영하는 등 탄력적인 운영을 통해 비용을 절감할 수 있을 것이다.

BC카드의 경우 아예 '대박상권'이라는 독자적인 어플리케이션을 만들어 상권정보를 제공하고 있다. 현재 뜨는 상권이 어디인지, 특정 상권의 유동인구는 어느 정도인지 등의 정보를 얻을 수 있다. 최근 여신 관련법 개정으로 카드사에서 빅 데이터를 활용한 컨설팅까지 하고 있는데, 원한다면 컨설팅까지 받아볼 수도 있을 것이다.

현대카드도 이와 비슷한 서비스를 제공하고 있다. '마이메뉴'라는 앱을 통해 사람들이 많이 찾는 맛집을 보여주고, 그곳을 주로 방문하는 고객들의 성별, 연령대, 직업, 평균 결제금액, 재방문율까지 분석해서 보여준다. 실제 결제 데이터를 기반으로 맛집을 추천해주니, 언제부턴가 온통 광고 글로 도배되어버린 블로그보다 더 믿을 만한 정보로 작용하고 있다. 또한 마이메뉴 앱은 대박상권 앱과 마찬가지로 상권을 분석할 때도 많이 사용되고 있다.

이 외에도 현대카드에서는 자체적으로 상권을 분석한 통계 리포트를 제공하고 있다. 그 중 최근 내놓은 리포트에서 흥미로운 사실이 발표됐다. 보통 우리가 생각할 땐, 바다를 끼고 있는 부산에서는 일식 소비가 가장 많을 것이라 예상하지만 실제 데이터를 분석해보니 일식(3.2%)보다 양식(10.3%) 매출이 3배 이상 컸다. 또한 커피 전문점이 가장 빠르게 성장하고 있는 곳은 서울이 아닌 인천이고, 경북도 성장 잠재력이 큰 것으로 분석됐다. 아마도 서울은 포화 상태라서 커피 전문점 개수는 많아도 성장률은 더딘 것으로 예상된다.

위 서비스들과 마찬가지로 씨엔티테크 또한 빅 데이터 서비스를 제공하고 있다. 지난 10년간 쌓아온 고객의 주문 전화 데이터를 분석해 프랜차이즈 출점 유망 지역을 추천해주는 것이다. 어떤 지역에 어떤 업종이 유망한지, 시장 수요가 어느 정도인지, 해당 지역에 창업할 경우 예상 매출은 얼마인지까지 예측할 수 있다. 직접 발로 뛰어 상권을 분석하지 않아도 빅 데이터를 통해 잠재 수요를 파악하고 목표 시장을 선택할 수 있게 되는 것이다. 중소기업청, 통계청, 소상공인진흥원에서 제공하는 상권정보시스템, SKT의 지오비전 등도 이와 동일한 서비스를 제공하고 있다.

빅 데이터는 이 외에도 고객을 관리하고, 매출을 끌어올리는데도 유용하게 활용되는데, 여기에 대한 자세한 내용은 뒤에 나올 '노는 물을 달리 하라' 장에서 다룰 것이다.

퍼스널 트레이닝 매칭 서비스 〈헬로마이코치〉

앞서 소개했던 '헬로마이코치'를 개발한 바디온의 경우 어떻게 시장 진입 전략을 세워야 할까? 전국 피트니스 센터를 돌아다니며 PT 강사를 만나고, 앱에 그들의 정보를 등록할 것을 설득하는 일은 생각만 해도 막막하다. 어떻게 모았다고 해도 이번엔 PT에 관심 있는 사람들을 대상으로 앱을 홍보하고 다운받게 하는 것도 쉬운 일이 아니다.

그래서 바디온 창업자는 1차적으로 강남, 분당 지역을 중심으로 PT 강사를 유치하기 시작했다. 또한 앱 하나로 회원 관리, 스케줄 관리, 커리큘럼 관리 등을 할 수 있도록 해서 PT 강사와 회원들이 함께 앱을 사용할 수 있도록 했다. PT 강사가 기존에 보유한 회원들과 신규 회원들을 고객으로 곧바로 끌어들이기 위함이다. 카카오톡도 초창기엔 '채팅'이라는 기능에 집중해 고객 만족도를 높이고 이용자 기반을 넓히고, 그 다음 수익 모델을 적용했다. 마찬가지로 바디온 창업자도 PT 강사와 피트니스 회원들에게 실질적인 도움을 주는 기능 앱으로 시작해서 기반을 넓히는 전략을 택했다.

바디온은 크게 두 가지 측면에서 시장을 좁혔다. 첫째로는 전국이 아닌 강남, 분당 지역을 중심으로 서비스를 시작했다는 것. 둘째로는 PT 강습을 받고 싶어 하는 회원들을 대상으로 B2C 홍보를 하는 것이 아니라, 피트니스 센터의 PT 강사를 통해 고객 기반을 확보했다는 측면에서 B2B 비즈니스로 접근했다고 볼 수 있다.

계속 강조하고 있지만 시장 규모가 작더라도 일단 시작하는 것이 중요하다. 시장은 키워갈 수 있고, 핵심 역량을 기반으로 연관 시장이나 유사 시장에 진출하면 되기 때문이다. 바디온도 강남, 분당 지역에서 브랜드 인지도를 높인 다음에는 전국 서비스로 확대하면 된다. 또한 회원들의 특징이 건강에 관심이 많은 사람들이다 보니, 헬스케어 제품 판매와 같은 B2C 사업으로도 확장할 수 있을 것이다.

맞춤형 지도 큐레이션 서비스 〈모두의 지도〉

고려대학교 학내 벤처로 시작한 '모두의 지도'는 서비스를 런칭하기 전에 고려대학교 상권을 중심으로 1차 베타 테스트를 진행했다. 안암 상권에 있는 600여개의 매장 정보들을 업데이트한 뒤 고려대학교 학생들을 대상으로 홍보를 했는데, 입소문을 타고 한 달 만에 3,000명이 가입하는 기염을 토했다. 앱 재방문율도 70%에 달했다.

이렇게 솔루션 검증을 통해 시장성을 확인한 다음, 모두의 지도 서비스를 정식 오픈했다. 하지만 B2C 서비스다 보니 사람들에게 알리는 것이 쉽지 않았다. 그래서 선택한 것이 특정 지역을 중심으로 서비스를 확대해나가는 전략이었다. 1차 타깃인 대학생들을 공략하기 위해 고려대, 홍대, 신촌 등 대학가 상권에 우선적으로 서비스를 제공하고, 2차 타깃인 2030 직장인들을 공략하기 위해 이태원, 가로수길, 을지로, 강남, 선릉 지역에 서비스를 제공하자는 것이었다.

B2B 비즈니스 활용 전략도 세웠다. 미스터피자, 버거킹, 롯데리아 등 국내 프랜차이즈 업체들과 제휴를 맺은 뒤 각 업체들이 요구하는 정보를 올리거나 추가 서비스를 만들어주는 것이다. 프랜차이즈 브랜드 인지도를 활용해 마케팅을 한다면 앱 다운로드 수를 단번에 늘리는 것도 그리 어려운 일은 아니다. 이렇게 확보한 고객을 기반으로 서울 전체, 대한민국 전체, 동남아 등 세계 시장으로 뻗어나갈 계획까지 세우고 있다.

영상 편집·공유 SNS 〈스냅베리〉

스냅베리는 영상 편집과 공유에 특화된 SNS 서비스다. 실제 스냅베리 앱을 사용해보면 영상을 찍고, 편집을 하고, 효과를 넣는 모든 과정을 손쉽게 할 수 있다. 이렇게 좋은 기술력과 서비스를 갖추었음에도 불구하고 아직까지 많은 사람들에게 스냅베리를 알리지 못했는데, 사람들에게 알려나가는 과정이 너무 힘들다는 것이 바로 B2C 비즈니스의 가장 큰 맹점이다.

스냅베리 창업자 역시 B2B를 경유하는 방식을 택했다. 세계 최대 여행리뷰 사이트인 '트립어드바이저Tripadvisor'와 손을 잡고 동영상 서비스를 지원하기로 한 것이다. 트립어드바이저 모바일 앱에 스냅베리 서비스를 연동해, 트립어드바이저 이용자들이 여행지에 대한 동영상 리뷰를 남길 수 있도록 했다. 스냅베리는 트립어드바이저의 고객들을 자신의 고객으로 끌어올 수 있고, 트립어드바이저는 고품질의 비디오 콘텐츠를 축적함으로써 리뷰의 질을 높이고, 사이트 이용자들의 만족도를 높일 수 있게 되므로 윈윈Win-Win 전략이 가능하다. 이렇듯 서비스를 처음 런칭할 때는 자신보다 훨씬 더 인지도가 있고 사업 규모가 큰 다른 누군가의 힘을 활용하는 B2B 전략도 고려해볼 만하다.

수입맥주 큐레이션 서비스 〈오마이비어〉 – 사업 방향 전환(피벗팅) 사례

'오마이비어'는 고객의 입맛에 꼭 맞는 수입맥주를 추천해주는 큐레이션 서비스다. 앱을 다운받게 되면 가장 먼저 250개 남짓한 맥주를 평가하게 되는데, 그 데이터를 바탕으로 개인의 맥주 취향을 분석해서 맥주를 추천해주는 것이다.

얼마 전 성인 550만 명이 월 1회 이상 수입맥주를 소비하고 있다는 조사 결과가 있었는데, 오마이비어가 타깃으로 하고 있는 시장도 이와 동일했다. 하지만 '월 1회 이상 수입맥주를 소비하는 성인 550만 명'이라는 타깃은 너무 넓고 광범위하다. 손에 잡히지 않는 시장이다. 앞서도 강조했지만 시장은 쪼개고 좁힐수록 접근하기도, 전략을 짜기도 쉽다. 성인 550만 명을 대상으로 한다는 것은 결국 '모든 사람'을 대상으로 하겠다는 이야기다. 오마이비어 앱의 다운로드 수가 혁신적으로 늘지 않는 이유도 여기서 찾을 수 있다. 차라리 '맛있는 수입맥주에 관심이 있는 강남의 30대 여성 직장인'이라고 1차 목표 시장을 잡는다면 훨씬 접근하기 쉬워질 수 있다.

그런데 오마이비어는 맥주 추천 서비스 외에 수입맥주 유통 플랫폼까지 구상하고 있었다. 기존의 유통 구조가 '수입사-도매상-소매상-소비자'였다면, 35%의 유통마진을 가져가는 도매상의 역할을 걷어내고 '수입사-소매상-소비자'의 구조를 실현하겠다는 사업 모델이었다. 어떤 상권에서 어떤 맥주가 인기가 있는지 분석한 다음, 각 맥주 전문점에서 판매하기 좋은 맥주를 추천해주고 주문까지 가능한 플랫폼을 만드는 것이다. 결국 주류 유통업까지 손을 뻗겠다는 것인데, 주류 유통업은 허가를 받기도 까다로운데다 적은 인원으로 유통업을 한다는 것은 굉장히 어려운 일이다. 맥주 큐레이션 서비스를 소비자들에게 알려나가는 것도 벅찬 상황에서 기존 도매상들과 경쟁 구조까지 만들게 되면 비즈니스 집중력을 잃을 수밖에 없다. 두 마리 토끼를 잡으려다 둘 다 놓칠 수도 있다는 얘기다.

다시 한 번 강조하지만 처음엔 목표 시장을 좁혀야 한다. 너무 큰 그림을 그리기보다 지금 가장 잘 할 수 있는 한 가지 일에 몰입하고 집중하는 것이 더 중요하다. 한정된 자원으로 너무 큰 사업을 벌이게 되면 감당하기도 어렵고, 집중력이 분산돼 추진력을 잃기 쉽기 때문이다. 그래서 현재 오마이비어는 사업 모델을 큐레이션 서비스 하나로 집중시키고, 목표 시장을 좁히는 피벗팅을 진행하고 있다.

비즈니스를
디자인하라

　　　　　　　지금까지 총 4단계까지 소개했다. 고객의 문제를 정의하는 단계(#1. 누가 어떤 불만을 겪고 있는가?), 문제 검증을 통해 시장성을 알아보는 단계(#2. 진정 통하였는가?), 문제를 해결할 솔루션을 설계하고 검증하는 단계(#3. 페인킬러^{Painkiller}를 만들어라), 목표 시장을 선정하는 단계(#4. 누울 자리를 보고 뻗어라). 여기까지 끝냈다면, 다음 질문에 완벽하게 대답할 수 있어야 한다.

　1) 목표 집단이 누구인가?

　2) 그들에게 무엇을 팔려고 하는가?

　3) 왜 소비자가 그것을 사야 하는가?

　4) 어디서 소비자를 찾을 것인가?

1, 2번 질문은 '누구의 문제를 어떻게 해결할 것인가'라는 측면에서 문제 정의와 솔루션 정의에 해당하는 질문이다. 3번 '왜 소비자가 그것을 사야 하는가?'라는 질문은 소비자가 정말로 그 제품을 원하는지 문제 및 솔루션 검증(시장성 검증) 결과에 대해 묻고 있다. 이 질문에 대답할 때는 자신의 생각을 말하는 것이 아니라 잠재 고객들로부터 직접들은 이야기를 토대로 대답해야 한다. 마지막 4번 '어디서 소비자를 찾을 것인가?'하는 문제는 목표 시장이 어디인지 묻는 질문이다. 여기까지 잘 대답했다면, 이제는 고객이 원하는 제품을 시장에 내놓을 준비가 다 된 셈이다.

이제부터는 본격적으로 돈을 벌 궁리를 해야 한다. 그러려면 비즈니스 모델을 설계해야 하는데, 흔히 비즈니스 모델이라고 하면 어떻게 돈을 벌 것인지 수익 구조를 만드는 작업이라고 생각한다. 물론 맞는 말이다. 하지만 비즈니스 모델은 우리가 생각하는 것보다 훨씬 더 광범위한 개념이다. 자신의 비즈니스가 고객에게 정말 제대로 된 가치를 제공하는지, 얼마나 경쟁력이 있는지, 사업 인프라는 잘 구축되어 있는지, 수익은 어떻게 창출할 것인지 등 비즈니스의 전체 구조와 흐름을 그리는 것이 비즈니스 모델을 제대로 설계하는 것이다. 제품, 고객, 유통 채널 등이 유기적으로 연결된 것이 사업임을 이해한다면 전체 비즈니스 구조와 흐름을 이해하는 것이 왜 중요한지도 알 수 있을 것이다.

건축가들이 설계도를 통해 전체 건물 구조를 이해하듯, 창업자들은 비즈니스 모델 캔버스Business Model Canvas라는 툴tool을 이용해서 자신의 비즈니스를 설계하고 점검할 수 있다. 비즈니스 모델 캔버스는 알렉산더 오스터왈더 박사와 예스 피그누어 박사가 지은 『비즈니스 모델의 탄생Business Model Generation』이라는 책에서 처음 소개된 개념으로 고객, 유통채널, 핵심자원 등 아홉 가지 항목을 하나씩 채워나가면서 비즈니스 모델을 완성시키도록 하고 있다. 이미 IBM, 에릭슨, 딜로이트와 같은 글로벌 기업을 비롯해 캐나다 정부 등 공공기관에서도 적극 활용하고 있는 검증받은 모델이다. 이번 장에서는 이 캔버스의 작성 순서와 요령에 대해 살펴볼 것이다. 앞에서 알아본 창업의 1~4단계를 정리하는 것은 물론 앞으로의 계획까지도 세워볼 수 있을 것이다.

〈비즈니스 모델 캔버스〉

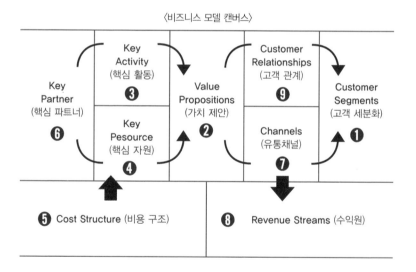

아홉 개의 칸은 제일 오른쪽 칸에 위치한 최종 목적지, 즉 '고객'에게 제품을 팔기 위해 어떤 문제들이 얽히고설켜 있는지, 그것들이 종합적

으로 고객에게 어떻게 작용하고 있는지 보여준다.

일단 제일 중요한 것은 '가치 제안Value Propositions'이다. '가치'란 지금까지 강조해온 '고객의 문제를 어떻게 해결할 것이냐'를 의미한다. 이것을 최종 목적지인 '목표 고객Customer Segments'에게 전달하려면 '유통 채널Channels'이 있어야 하고, 꾸준히 '고객과의 관계를 관리Customer Relationship'해야 한다. 그래야 고객이 제품에 매력을 느껴 구매를 하게 되고, 자연스레 기업엔 수익과 이익Revenue Streams이 발생한다.

그런데 위 활동들은 저절로 이뤄지는 것이 아니며, 그것이 가능하도록 뒷받침해주는 요소들이 있어야 한다. 각종 기술도 있어야 하거니와, 회사에서 열심히 일하는 직원들, 협력사 등도 필요하다. 즉, 자본, 기술, 인력 등에 해당하는 Key Resource(핵심 자원)의 Key Activity(핵심 활동), 그리고 Key Partner(핵심 파트너)의 역할이 한 데 어우러져야 제품을 만들 수 있고, 판매할 수 있으며, 고객에게 다가갈 수 있다. 당연히 이 제반 활동엔 비용Cost Structure이 발생한다.

즉, '가치 제안'을 중심으로 캔버스 왼쪽은 '제품(서비스)을 어떻게 효율적으로 만들 것이냐'하는 대내적인 부분이라면, 오른쪽은 대외적인 부분으로 '어떻게 판매할 것이냐'의 문제를 나타낸다고 볼 수 있다.

이제부터는 이 캔버스를 본격적으로 작성해볼 텐데, 작성 순서는 캔버스를 해석하는 사람마다 조금씩 다르다. 이 책에선 지금까지 설명해온 창업 순서를 중심으로 캔버스를 써내려갈 것이다. 제일 중요한 부분은 역시나 '문제 해결'에 대한 부분, 1번과 2번이다.

❶ 고객 세분화 + ❷ 가치 제안

창업의 시작은 누군가의 Pain(고통, 문제)을 발견해서 해결하는 것에 있다. 여기에서 '고객 세분화'는 '누구'를 의미하며, '가치'는 고객의 문제를 해결해줌으로써 생기는 가치를 의미한다. 즉, 이 두 칸은 창업 아이템이 무엇인지 나타내는 칸이다. 고객이 가지고 있는 Pain에 대한 해결 없이는 창업도 있을 수 없다고 했듯, 비즈니스 모델 캔버스에서도 이 두 칸은 핵심 축을 담당하고 있다. 따라서 아홉 칸 중에 이 두 칸을 제일 먼저 채워 넣어야 한다.

❸ 핵심 활동 + ❹ 핵심 자원

1번과 2번 칸을 채움으로써 자신의 창업 아이템이 무엇인지 정의했다. 이제부터는 본격적으로 실행에 옮기는 단계인데, 그에 앞서 무엇을 해야 할지 적어보는 칸이 바로 '핵심 활동' 칸이다. 이를테면 앱 기획 및 개발, 디자인, 특허 출원, 서버 구매 등과 같은 일을 적는 것이다. 이렇게 자신이 해야 할 일들을 써내려가다 보면 자연스레 자신이 확보해야 할 자원이 무엇인지도 알 수 있다. 자원은 인적, 물적 자원을 모두 포괄하는 개념으로 위의 순서대로라면 기획자, 개발자, 디자이너, 특허, 서버 등이 필요하다. 이렇듯 '핵심 활동' 칸을 채우면서 '핵심 자원'의 칸을 동시에 채울 수 있다.

❺ 비용 구조

앞으로 해야 할 일이 무엇이고, 자신에게 필요한 것이 무엇인지 파악하고 나면, 매월 얼마의 비용이 필요한지 대략적으로 계산할 수 있다. 기획자, 개발자, 디자이너를 고용하는데 드는 인건비가 얼마고, 서버 구매 비용은 얼마인지 등을 조사하는 것이다. 여기서 주의할 점은 서버 구매, 가구 구입 등과 같이 일회성으로 들어가는 돈이라도 투자비용 및 감가상각 개념으로 원가 구조에 포함시켜야 한다는 것이다. 어쨌든 자신이 투자한 돈에 대해서는 회수를 해야 하기 때문이다. 예전에는 감가상각 기준을 5년으로 잡았는데, 요즘은 워낙 시대가 빨리 변하다 보니 3년으로 잡는 것이 좋다. 예를 들어 서버를 구매하는데 3천만 원이 들었다면, 3천만 원을 36개월로 나눈 돈(833,333원)을 매월 나가는 비용으로 잡으면 된다.

학내 벤처를 하다 보면 늘 학생들이 제시하는 기업의 수익률이 매우 높게 나온다. 이유인즉슨, 자신들의 인건비를 0원으로 책정하고 들어가기 때문이다. 나 또한 학내 벤처로 사업을 시작했는데, 약 5개월 간 인건비를 0원으로 진행했던 기억이 난다. A부터 Z까지 모든 일을 혼자서 도맡아 했기 때문이다. 하지만 인건비를 0원으로 책정하는 것은 사업 계획서를 평가받을 때 큰 지적 사유가 되며, 향후 사업 운영 능력을 의심받을 수 있다. 때문에 지금 인건비가 비록 0원이라도 앞으로 어떤 식으로 인력을 충원해서 사업을 해나갈 것인지 계획해놓는 것이 좋다.

이렇게 비용 구조를 파악하고 나면, 어느 정도의 마진을 둘 것인지, 적정 가격은 얼마인지 계산할 수 있다. 예를 들어 한 개의 제품을 만드는데 천 원의 비용이 들었다면 적어도 천 원 이상의 가격을 책정해야 이익을 볼 수 있다. 그런데 여기서 하나의 변수가 생길 수 있다. 애초에 가격을 2만 원으로 생각하고 솔루션을 검증했는데, 실제 계산해보니 적어도 3만 원은 받아야 수익이 나는 경우다. 이럴 땐 다시 한 번 고객들을 만나서 가격에 대한 검증을 해야 한다.(지겨워도 시장성 검증을 소홀히 하면 안 된다.) 만약 "3만 원이라도 쓰겠다"는 사람이 많다면 상관없지만, "2만 원이 넘어가면 쓰지 않겠다. 너무 비싸다"라는 사람이 많다면 가격을 낮출 수 있는 방법을 연구해야 한다.

❻ 핵심 파트너

그렇다면 가격을 낮추려면 어떻게 해야 할까? 원가를 낮추는 데는 여러 가지 방법이 있을 수 있다. 인건비를 줄일 수도 있고, 싼 재료를 구입해서 쓸 수도 있다. 하지만 품질과 직결되는 요소를 건드리는 것은 장기적으로는 보면 그다지 좋지 않은 방법이다. 이럴 때 가장 좋은 것은 전략적 파트너를 찾는 것이다. 예를 들면 A라는 제품을 만들기 위해 새롭게 공장을 세우고 설비를 구축하는 것이 아니라, 제작 역량을 가진 공장을 찾아 제휴를 맺는 것으로 대신하는 것이다. 그렇게 되면 비용과 시간을 굉장히 절감할 수 있다.

배달 앱으로 유명한 '배달의 민족'도 초창기 우리 회사와 전략적 파트너십을 맺어 사업을 진행했다. 처음엔 앱에 등록할 매장을 모으기 위해 수많은 인원이 동원되어 전단지를 줍거나 매장을 일일이 찾아녔는데, 이 방식은 인건비가 너무 많이 들어간다는 단점이 있었다. 그런데 우리 회사의 경우 약 34,000개 가맹점들의 주문을 중개해주고 있으니, 제휴를 맺게 되면 프랜차이즈 매장들을 돌아다니는 수고는 하지 않아도 됐던 것이다. 만약 각종 외식 프랜차이즈 매장까지 일일이 돌아다녔다면 시간과 비용이 너무 많이 들어 초창기에 힘든 시간을 보냈을 지도 모른다.

또 다른 배달 앱도 최근 우리 회사에 제휴를 제안해왔다. 배달 앱들이 자영업자로부터 떼어가는 수수료가 높은 것 때문에 비난을 많이 받았는데, 이 문제를 우리 회사가 해결해줄 수 있었기 때문이다. 배달 앱들의 운영 구조를 가만히 살펴보면 사실 수수료가 높을 수밖에 없는 구조를 가지고 있다. 소비자가 앱에서 주문을 하면 배달 앱 업체 직원이 다시 매장에 전화를 걸어 주문 내용을 알려주는 구조였기 때문이다. 인건비가 과도하게 들어가고 효율성이 매우 떨어지는 방식이다. 여기에 비효율성을 느낀 배달 앱들은 접수된 주문을 자동으로 알려주는 전용 단말기를 매장에 설치하기 시작했다. 하지만 이 또한 20만 원대에 이르는 비용이 들어가기 때문에 전국 매장에 설치하려면 상당한 비용이 들어갔다. 결국 배달 앱 업체는 이렇게 들어가는 인건비와 단말기 구입비를 수수료에서 보전 받을 수밖에 없었던 것이다. 10% 수수료가 나오는 이유가 바로 여기에 있었다. 하지만 우리 회사엔 고객의 주문 내용을 매장의 POS로 자동으로 전송하는 기술이 있었다. 이 시스템만 있으면 직원들이 일일이 전화할 필요도 없고, 따로 단말기를 구입할 필요도 없다. 이렇듯 전략적 파트너십을 구축하는 것은 인건비, 시간, 비용 등 많은 부분을 절감할 수 있다.

❼ 유통 채널

유통 채널은 온라인(홈페이지, 쇼핑몰 등), 오프라인(영업부서, 도매상, 직영매장, 파트너 매장 등), 모바일 등 제품을 판매할 수 있는 경로를 말한다. 채널을 많이 확보하면 확보할수록 매출도 높아진다. 그런데 이 채널을 독자적으로 구축할 수도 있지만, 파트너십을 통해 도움을 받을 수도 있다. 예를 들어 곰플레이어를 설치할 때, 시작 페이지가 다음 Daum으로 변경된다거나, 11번가 바로가기 아이콘이 바탕화면에 생기는 경험을 한 번쯤 해봤을 것이다. 그것은 다음과 11번가가 자신의 사이트를 소비자들에게 유통시키기 위한 하나의 방법으로 곰플레이어를 전략적 파트너로 선택했기 때문이다. 이렇게 유통 채널을 확보할 때도 전략적 파트너가 만들어질 수 있다. 그렇다면 다시 6번의 '핵심 파트너' 칸으로 돌아가서 새로운 파트너를 적어 넣으면 된다.

캔버스를 작성하다 보면, 단계를 거듭할수록 전에는 생각하지 못했던 더 좋은 아이디어가 떠오를 수 있다. 그럴 때는 다시 전 단계로 돌아가 새로운 아이디어를 추가하고, 이전에 했던 결정을 수정할 수도 있다. 따라서 작성 순서는 상황에 따라 왔다 갔다 할 수도 있고, 뒤바뀔 수도 있으며, 수정될 수도 있다는 자세로 접근하면 좋을 것 같다.

❽ 수익원

이 칸은 고객들이 어떤 방식으로 돈을 지불하게 할 것인지 결정하고, 또 그것을 통해 향후 발생될 매출과 이익 규모를 예측해보는 칸이다. 예를 들어 카카오톡의 경우, 이모티콘, 선물하기, 광고 수입 등을 수익원으로 하고 있다. 또한 향후 매출과 이익 규모는 고객 인터뷰 결과(솔루션 검증 단계에서 제품이 출시되면 구매하겠다고 대답한 고객이 어느 정도인지 조사한 것), 목표 시장의 규모, 유통 채널의 개수 등을 기반으로 예측할 수 있다. 한 치 앞을 내다보기 힘든 것이 창업이지만, 그럼에도 불구하고 3년 혹은 5년 단위의 목표와 손익 계획을 작성해보는 것을 추천한다. 이것은 사업의 큰 그림을 이해하는데도 도움이 될 뿐만 아니라, 사업을 해나가면서 자신이 얼마나 목표치를 달성했는지 점검해볼 수 있기 때문이다.

❾ 고객 관계

'고객 관계'는 앞으로 고객을 어떻게 관리해나갈 것인지 적는 칸이다. 전문 용어로 CRM^{Customer Relationship Management, 고객 관계 관리}이라고 표현하는데, 사실 사업을 시작하기도 전에 자세히 계획해보기는 어렵다. 제품을 출시한 뒤 고객들의 실제 반응을 살피고, 직접 피드백을 받아야 좀 더 실질적이고 정확한 방향을 그려볼 수 있기 때문이다.

그럼에도 불구하고 고객과의 관계를 어떻게 가져가겠다는 큰 그림 정도는 미리 그려볼 수 있다. 이와 관련해 벤치마킹할 만한 기업은 중국의 스마트폰 제조업체인 샤오미^{Xiaomi}다. 샤오미는 고객 관리에 투자와 노력을 아끼지 않는 기업으로 유명하다. 고객들이 제품을 사용하면서 느꼈던 불편함, 바라는 점 등을 게시판에 올리면 이를 취합해 매주 금요일마다 업데이트를 한다. 이날을 두고 '오렌지 프라이데이'라고 부른다. 고객은 직원들이 자신의 의견에 귀를 기울여주고, 그것을 반영하기 위해 빠르고 신속하게 움직인다는 사실에 감동을 받는다. 그 과정 속에서 샤오미 브랜드에 대한 무한한 충성심까지 생겨난다. 이미 샤오미를 두고 '미펀(샤오미 팬덤)'이라는 팬덤 문화까지 만들어질 만큼 고객들의 충성도는 대단하다. 샤오미는 고객들에게 다시 감사함을 표현하기 위해 주말마다 파티도 연다. 이렇듯 기업들은 고객과의 성공적인 관계 설정을 위해 지속적으로 소통하는 노력을 기울인다.

또한 최근 빅 데이터 시대를 맞이하면서 고객 분석과 관리도 새로운 전환점을 맞고 있는데, 이와 관련해서도 미리 계획을 해두면 좋다. 인터넷 서점 '아마존닷컴'의 경우 고객의 구매 이력을 분석해, 고객이 좋아할만한 책을 일대일로 추천해주는 서비스를 제공하고 있다. 물론 처음에는 고객 데이터가 충분치 않았기 때문에 추천 서비스를 생각할 수도, 제공할 수 없었다. 하지만 아마존의 최고 경영자인 제프 베조스는 "우리는 절대로 데이터를 내다버리지 않는다"고 강조할 만큼 데이터의 중요성을 잘 알고 있었던 사람이다. 결국 그렇게 모은 고객 데이터를 기반으로 추천 서비스를 제공했고, 그 정확도 또한 매우 높아 IEEE Institute of Eletrical and Eletronics Engineers, 국제전기전자기술자협회 자료에 따르면 아마존 매출에서 추천 서비스의 비중이 무려 3분의 1을 넘는다고 한다. 아마존 사례에서처럼 앞으로 고객 데이터는 기업의 중요한 자산이 될 것이다. 따라서 자신은 어떻게 고객 데이터를 모을 것인지, 그리고 그것을 기반으로 고객에게 어떤 가치를 제공할 것인지 생각해둔다면 향후 기업 경영에 큰 도움이 될 것이다.

비즈니스 모델 캔버스 작성 예시-씨엔티테크

이제는 이 책을 읽고 있는 여러분들이 비즈니스 모델 캔버스를 직접 작성해볼 차례다. 처음부터 완벽하게 캔버스를 쓰려고 하면 지치기 쉽다. 부족하다 싶더라도 일단 적어나가면서 수정, 보완해나가는 것이 중요하다. 차근차근 써내려가다 보면 생각이 정리되는 효과도 있고 부족했던 점을 발견할 수도, 더 좋은 아이디어를 생각해낼 수도 있다. 아직 감이 잘 안 잡힌다면, 아래 예시를 참고해보길 바란다. 내가 씨엔티테크를 세우고 외식 주문중개 플랫폼 사업을 시작했던 2003년을 기준으로 비즈니스 모델 캔버스를 작성해보았다.

❶ 고객 세분화 + ❷ 가치 제안

'누구의 문제'를 '어떻게 해결'해서 '어떤 가치'를 줄 것인가에 대해 적어야 한다. 내가 발견한 '누구의 문제'는 피자 프랜차이즈의 광고가 비효율적이라는 것이다. 이 문제의 '해결 방법'으로 홈쇼핑 효과를 생각

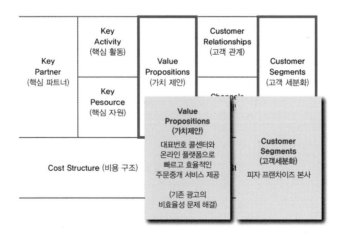

했다. 대표번호를 광고에 노출시키고, 콜센터를 통해 주문을 대신 받아주는 것이다. 대표번호 외에도 온라인 주문까지 중개한다면 소비자의 편의성을 더욱 높일 수 있을 것이다. 이로 인해 피자 프랜차이즈 본사가 얻을 수 있는 '가치'는 효율적인 광고 집행과 그로 인한 매출 증대다.

❸ 핵심 활동 + ❹ 핵심 자원

콜센터를 구축하려면 일단 사무실이 필요하다. 사무실 안을 채워 넣을 각종 가구와 사무용품도 사야하고, 전화기, 전용회선 등 시스템도 구축해야 한다. 전화를 받을 상담사들과 어느 정도 경력이 있는 중간 관리자들도 필요하다. 고객사 가맹점 개수와 하루 평균 걸려오는 전화 건수를 바탕으로 계산해보니 약 140명의 상담사들을 채용한다면 업무를 충분히 소화할 수 있을 것 같다.

Key Partner (핵심 파트너)	Key Activity (핵심 활동)	Key Activity (핵심 활동) 사무실 마련, 시스템 구축, 전화기 140대 및 전용회선 설치, 가구 및 각종 사무용품 마련, 부서별 직원 고용
	Key Pesource (핵심 자원)	Key Pesource (핵심 자원) 사무실, 전화교환기, 전화기, 전용회선, 가구, 생활비품, 관리자, 슈퍼바이저, 상담원
Cost Structure (비용 구조)		Revenue Streams (수익원)

❺ 비용 구조

수익모델은 주문 건당 수수료를 받을 것이다. 그런데 업체에 제시할 적정 수수료가 얼마인지 계산하려면, 전화 한 건당 얼마의 비용이 드는지부터 알아야 했다. 인건비, 시스템 구축비, 인테리어 비용, 전화료 등 필요한 비용을 모두 더했더니 연간 약 2,350,790,015원이 필요하다는 계산이 나왔다. 이 비용을 연간 걸려오는 전화 건수로 나누면 전화 한 건당 얼마의 비용이 들어가는지 알 수 있다.

연간 들어가는 비용 ÷ 연간 걸려오는 전화 건수 = 전화 한 건당 드는 비용

전화 건수는 가맹점 수와 기존에 걸려오는 하루 평균 주문 전화 건수 등을 토대로 계산하면 된다. 계산 결과, 사업 1년 차엔 2,550,000건의 전화가 걸려올 것으로 예상된다. 위 식에 대입해보면, 다음과 같은 값이 나온다.

Key Partner (핵심 파트너)	Key Activity (핵심 활동)		Customer Relationships (고객 관계)	
	Key Pesource (핵심 자원)	Va... Propo... (가치		

Cost Structure (비용구조)

비용: 인건비, 시스템 구축비, 부대경비, 임차료, 기타

년도	발생비용(A)	연간 Call수(B)	한 건당 비용(A/B)
2003년	2,350,790,015	2,550,000	922
2004년	2,686,149,339	2,904,928	925
2005년	2,955,650,394	3,311,618	893
2006년	3,291,335,046	3,775,245	872
2007년	3,649,885,186	4,303,779	848

Cost Structure (비용 구조)

〈창업 당시 예상한 씨엔티테크의 5개년 순익〉

NO.	구분	내역	2003년도 금액수량	이익률	2004년도 금액	이익률	2005년도 금액	이익률	2006년도 금액	이익률	2007년도 금액	이익률	5년간 합계	5년간 합계 및 콜수의 누적이익률
	인원증가현황 (관리자/수퍼바이저/상담원)		8 / 3 / 70		8 / 3 / 80		10 / 4 / 100		14 / 5 / 110		14 / 5 / 120			
Ⅰ	매출	콜(Call) 예측 (연간 예측)	2,550,000		2,904,928		3,311,618		3,775,245		4,303,779		16,845,570	
		소 계 (연간 예측×350원)	2,422,500,000		2,759,681,600		3,146,037,100		3,586,482,750		4,088,590,050		16,003,291,500	
Ⅱ	1.인건비	STAFF	213,710,000		243,629,400		277,737,516		316,677,768		361,012,655		1,412,767,339	
		Supervisor	42,600,000		48,564,000		55,362,960		69,540,000		79,275,600		295,342,560	
		Team leader	117,150,000		133,961,400		152,715,996		174,096,235		198,469,707		776,393,338	
		Agent	803,010,000		915,431,400		1,043,591,796		1,189,694,649		1,356,251,899		5,307,979,744	
		복리후생비	176,470,500		201,237,930		229,411,240		262,501,298		299,251,479		1,168,872,447	
		국민건강보험	52,941,150		60,371,379		68,823,372		78,750,389		89,775,444		350,661,734	
		의료보험	23,176,459		26,429,248		30,129,343		34,475,170		39,301,694		153,511,915	
		산재보험	5,058,821		5,768,821		6,576,456		7,525,037		8,578,542		33,507,677	
		고용보험	13,529,405		15,428,241		17,588,195		20,125,099		22,942,613		89,613,554	
		소 계	1,447,646,335		1,650,821,819		1,881,936,874		2,153,385,646		2,454,859,634		9,588,650,308	
	투자비용	2.시스템구축비 H/W	783,113,000		-		195,340,000		171,143,000		-		1,149,596,000	
		IS/W	727,310,000		-		268,648,500		104,980,500		-		1,100,939,000	
		공사 및 기타	142,000,000		-		11,500,000		69,000,000		-		222,500,000	
		3.부대경비 인테리어	260,000,000		-		13,600,000		13,600,000		13,600,000		287,200,000	
		생활비품	17,340,000		-		-		-		-		17,340,000	
		전화료	123,312,000		123,312,000		146,688,000		173,044,800		197,271,072		763,627,872	
		전용회선	33,600,000		33,600,000		48,600,000		48,600,000		56,000,000		220,400,000	
		소 계 (전화+전용회선(선비))	156,912,000		156,912,000		195,288,000		221,644,800		253,271,072		984,027,872	
		4.임차료 임차료	50,000,000		50,000,000		50,000,000		50,000,000		50,000,000		250,000,000	
		관리비	50,000,000		50,000,000		50,000,000		50,000,000		50,000,000		250,000,000	
		소 계	100,000,000		100,000,000		100,000,000		100,000,000		100,000,000		500,000,000	
		5.기 타 감가상각	586,231,680		586,231,680		586,231,680		586,231,680		586,231,680		2,931,158,400	
		유지보수	60,000,000		192,183,840		192,193,840		230,072,920		255,522,800		929,973,400	
		소 계	646,231,680		778,415,520		778,425,520		816,304,600		841,754,480		3,861,131,800	
		합 계	2,350,790,015		2,686,149,339		2,955,650,394		3,291,335,046		3,649,885,186		14,933,809,980	
Ⅲ	콜 수수료	투자비용 합계(÷C콜수 적용시)	922		925		893		872		848		887	
		실 적용인(개인단가)	950		950		950		950		950		950	
		콜당 수익율	28		25		57		78		102		63	
Ⅴ	년간 이익율		71,709,985	3.05%	73,532,261	2.74%	190,386,706	6.44%	295,147,704	8.97%	438,704,864	12.02%	1,069,481,520	7.16%

- 인건비는 소비자 물가지수, 국내 업종별 인상기준 등 감안
- 복리후생비는 인건비의 15%, 4대 보험료 요율 적용
- 시스템 구축비 및 부대경비 부분은 감가상각 처리(5년)
- 보증금 416,000,000원은 투자비용에서 제외

2,350,790,015(원) ÷ 2,550,000(건) = 921.8(원)

즉, 전화 한 건을 받아주는데 약 922원의 비용이 들어간다. 사업 1년 차 땐 한 건당 28원의 수익을 본다고 치고, 고객사에 950원의 수수료를 제안하자.

❻ 핵심 파트너

걱정거리가 있다. 두 가지 일에 대해 상당한 비용 부담이 발생하기 때문이다. 첫 번째는 'GIS Geographic Information System, 지리 정보 시스템' 구축 이다. 주문 전화가 걸려왔을 때, 고객이 위치한 곳으로부터 가장 가까 운 가맹점에 주문을 전달해주려면 이 시스템이 필수적으로 구축되어 있어야 한다. 두 번째는 POS 기기 개발이다. 주문 내역을 매장의 POS 기기로 자동으로 전송해주는 기술을 개발했지만, 이 기술이 적용 불 가능한 기기를 가진 매장은 어떻게 할 것인가? 가능한 기기로 바꿔줄

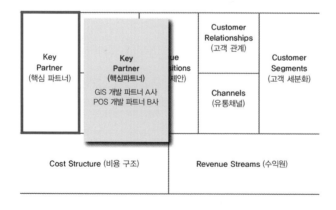

수밖에 없다.

하지만 이 두 가지 모두 자체적으로 개발하려면 들어가는 시간과 비용이 만만치 않다. 게다가 이것은 나의 핵심 역량이 아니기 때문에 시행착오도 엄청날 것이다. 이 부분은 직접 하기보다, 각 분야의 전문 회사와 제휴를 맺는 것이 더 효율적일 것이다.

❼ 유통 채널

전통적인 영업 방식인 '직접 대면'을 통해 피자 프랜차이즈 본사를 고객사로 유치할 것이다. 초창기엔 내가 직접 발로 뛰어 계약을 따내겠지만, 회사 규모가 더 커지면 따로 영업 부서를 두고 고객을 유치할 것이다.

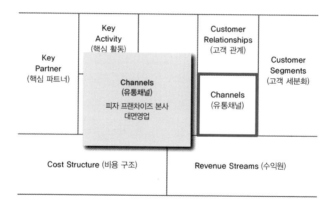

❽ 수익원

수익원은 앞서 생각해둔대로 주문 건당 수수료(950원)로 할 것이다. 앞으로 수익을 극대화시키려면, 점차적으로 고객사를 확장해나가야 한다. 일단은 피자 프랜차이즈 시장을 먼저 장악한 뒤, 차례로 치킨, 족발, 보쌈 등 다른 외식 프랜차이즈로 시장을 넓혀나갈 것이다. 고객사가 증가하면 당연히 주문 전화도, 매출과 이익도 증가할 것이다. 계산해보니, 사업 3년차에 접어들면 규모의 경제 효과로 수익률도 점차 높아질 것으로 기대된다.

Revenue Streams
(수익원) = 주문 건당 수수료 (950원)

년도	매출(A)	투자비용(B)	연간 이익(A-B)	수익률
2003년	2,422,500,000	2,350,790,015	71,709,985	3.05%
2004년	2,759,681,600	2,686,149,339	73,532,261	2.74%
2005년	3,146,037,100	2,955,650,394	190,386,706	6.44%
2006년	3,586,482,750	3,291,335,046	295,147,704	8.97%
2007년	4,088,590,050	3,649,885,186	438,704,864	12.0%

Cost Structure (비용 구조)   Revenue Streams (수익원)

❾ 고객 관계

주문전화 데이터는 향후 빅 데이터로서 소비자에 대한 중요한 분석 자료가 될 수 있을 것이다. 이를 테면 어떤 상권에서 주문 전화가 많이 발생하는지 상권을 파악한다든가, 피자를 시켜먹는 주요 연령층은 누구인지 타깃 정보에 대한 아이디어를 얻는 것이다. 이런 정보들을 분석해 고객사에 주기적으로 보고서를 제공한다면, 훌륭한 CRM 전략이 되지 않을까?

(좀 더 후의 일이지만, 실제 미스터 피자를 고객사로 유치한 후 소비자 데이

터를 분석하던 중 의미 있는 데이터를 찾아낼 수 있었다. 피자를 주문하는 사람들이 대부분 20대 여성들이라는 것이었다. 그때까지만 해도 영화배우 송강호 씨가 미스터피자의 광고모델로 활동하고 있었지만 이러한 고객 분석 리포트를 제공한 후에는 마케팅 콘셉트와 광고 전략이 완전히 바뀌었다. 2004년부터 미스터피자 브랜드 슬로건을 '기름 뺀 수타 피자'에서 'Made For Woman'으로 바꾸고 광고모델도 영화배우 문근영, 박해일로 전격 교체했다. 실제 고객층인 20대 여성들의 마음을 잡겠다는 것이었다. 물론 마케팅은 성공적이었고, 이후 미스터피자는 경쟁사와 차별화된 전략으로 새로운 경쟁우위를 가져갈 수 있었다.)

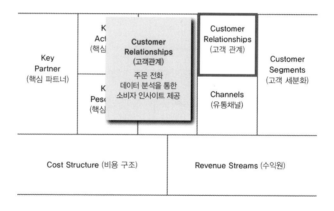

투자 유치의 기술

아무리 완벽한 사업 계획을 세웠다고 해도 그것을 실현하려면 충분한 자금이 필요하다. 실제 창업을 하게 되면 사무실 마련부터 집기 구입, 직원 채용, 제품 개발 등 생각했던 것보다 돈이 들어갈 일이 많아서 당황하게 될 지도 모른다. 보통은 창업자가 모아둔 돈이나 대출을 통해 자본금을 마련하지만, 그것만으로는 한계가 있을 수밖에 없다. 처음부터 큰 매출이 일어난다면 그 돈으로 재투자를 하면 되겠지만, 짧게는 몇 개월, 길게는 몇 년 동안 괄목할 만한 성과가 나오지 않을 수도 있다. 그럴 때 자신과 파트너십을 유지할 수 있는 투자자를 유치하는 방법이 있다. 다행히 최근 스타트업 창업 열풍이 불면서 정부에서 각종 지원금을 쏟아내고 있고, 거액의 상금을 내건 창업경진대회도 심심찮게 열리고 있으며, 자본만 투자하는 것이 아니라 스타트업을 전문적으로 교육하고 지원하는 액셀러레이터들도 생겨나고 있다.(나 또한 액셀러레이터로 활동하고 있다.) 그것도 아니라면 자신이 직접 벤처캐피탈 투자자들을 찾아가거나 메일을 보내서 투자를 성사시킬 수도 있다. 그렇다면 어떻게 해야 투자 유치를 성공적으로 할 수 있을까?

잘 생각해보면 우리는 모두 투자자였던 경험을 가지고 있다. 사소하게는 적금이나 펀드 상품 등 금융 상품에 가입할 때다. 그럴 때 우리는 '투자자의 눈'으로 상품을 바라보고, 금융사 직원의 설명을 듣는다. 제일 듣기 싫은 말은 '일단 믿어 달라. 확실한 수익률을 보장한다'는 근거 없는 설득이다. 영업사원이 자신의 실적을 올리기 위해 거짓말을 하는 것은 아닌지 의심도 든다. 그보다는 '이 상품의 무기(경쟁력)는 무엇이다. 우리는 이것을 어떻게 운용해서 어떻게 수익을 창출할 것이다. 이렇게 된다면 약 몇 년 뒤에는 몇 %의 수익률까지 가능하다'라는 구체적인 계획과 명확한 비전을 듣고 싶다. 대한민국 경제가 어렵기 때문에 어떤 상품에 투자를 해야 한다는 거창한 서론은 생략해줄수록 고맙다.

사업 계획을 발표할 때도 마찬가지다. 투자자들이 듣고 싶은 말은 '우리의 아이디어는 정말 새롭고 신선한 것이다. 제품이 출시되면 분명 성공할 것이다'라는 근거 없는 확신이 아니다. '우리가 정의한 문제는 무엇이고, 그것을 해결할 아이디어는 무엇이다'라는 명확한 사업 비전과 그것을 어떻게 실천해나갈 것인지 구체적인 계획을 듣고 싶어 한다. 또한 여기서 사업 계획 발표라는 것은 공식적인 투자 설명회일 수도 있고, 창업경진대회와 같은 대회가 될 수도 있고, 엘리베이터에서 우연히 마주친 투자자에게 자신의 어필해야 하는 찰나의 순간일 수도 있다. 때문에 스타트업 CEO는 1분, 5분, 7분, 15분짜리 발표 스크립트를 만들어서 충분히 발표 연습을 한 다음, 상황에 따라 자유자재로 말할 수 있어야 한다.

〈표 8〉 피칭 13단계

1 Title, Presenter & Tag line	2 60 second Overview	3 Players(market), Problem & Pain	4 Painkiller (solution)	5 Our Secret Sauce (Technology)
6 Competition	7 Business Model	8 Go To Market Plans	9 Metrics & Money (forecast)	10 Team
11 Time-Line(s) & Status	12 Money Sought & Use of Proceeds	13 Why Invest in us?		

〈표 8〉은 요즘 실리콘밸리에서 가장 많이 쓰고 있는 13단계 발표 순서로, 사업 계획서를 쓰고 발표 스크립트를 만드는 데 많이 활용되고 있다. 가장 간결하면서 설득력 있게 구성되어 국내에서도 많이 쓰는 추세다. 여기에서도 가장 중요한 것은 역시나 '문제(고통)의 발견과 해결'에 해당하는 3번과 4번이다. 주어진 시간이 짧을 때는 3번과 4번만 상대방에게 어필하면 된다. 13단계 전부를 설명하는 것은 15분을 기준으로 하고 있으며, 주어진 시간에 따라 몇 단계는 생략할 수도 있다.

〈표 9〉 주어진 시간에 따른 발표 항목

시간	발표해야 할 항목
1분	3,4
5분	3, 4, 5, 6, 7, 10
7분	1, 3, 4, 5, 6, 7, 10, 13
15분	1〜13

첫 번째는 발표자가 누구인지 간단히 소개하고, 발표 주제(제목)를 제시하는 단계다. 발표 주제는 당연히 자신이 어떤 사업을 할 것인지를 의미한다. 광고에서 한 줄의 카피가 사람의 마음을 움직이듯, 여기에서도 평범한 제목보다는 직관적이고 감각 있는 제목으로 투자자의 관심을 끄는 것이 좋다.

두 번째는 주어진 시간동안 어떤 내용들을 발표할지 간략히 요약해서 보여주는 페이지다. 일종의 예고편이라고 할 수 있는데, 크게 중요하진 않으므로 60초를 넘기지 않는 것이 좋다.

가장 중요한 것은 3번과 4번이다. 누구에게서 어떤 문제(불편, 고통)를 발견했는지, 또 그것을 해결하기 위한 솔루션으로 무엇을 생각했는지 이야기하는 단계다. 만약 엘리베이터 안과 같이 매우 짧은 시간에 투자자에게 자신을 어필해야 하는 자리라면, 다른 건 다 배제하고 3번과 4번만 이야기하면 된다.(그리고 살포시 명함을 건네자. 인상적이었다면 연락이 올 것이다.) 또한 3번과 4번을 발표할 때, 자신이 직접 발로 뛰어 잠재 고객들을 인터뷰한 자료까지 첨부한다면 금상첨화다. 이를테면 "2030 여성들이 A라는 불편을 겪고 있는 것을 발견했고, 그것을 해결하기 위해 B라는 솔루션을 개발했습니다"에서 그치는 것이 아니라 "실제로 강남, 홍대, 이태원 일대를 돌며 2030 여성들 500명을 대상으로 물어본 결과, 저희가 정의한 문제에 대해 80% 이상이 동의했으며, 75% 이상이 제품이 출시될 경우 구매하겠다는 의사를 밝혔습니다"라고 덧붙인다면 훨씬 더 설득력 있는 정보가 될 수 있을 것이다. 스타트업 CEO의 열정과 의지까지 보여줄 수 있는 대목이다.

다음으로는 자신이 가진 기술을 설명하는 단계다. 개발자 출신 CEO가 흔히 저지르는 실수 중 하나는 아무도 알아듣지 못하는 전문용어를 남발하면서 5번 항목에 너무 많은 시간을 할애한다는 것이다. 기술을 설명할 때 누구라도 이해하기 쉽게 풀어서 설명하는 것이 중요하며, 기술 자체보다는 그것을 통해 고객들이 어떤 가치를 얻을 수 있는지 이해시키는 것이 중요하다. 또한 자신이 가지고 있는 기술이 얼마나 경쟁력을 있는 지까지 어필할 수 있다면 더 좋다. 기술 수준이 높아서 후발주자들이 따라오기 힘든 기술이라면 더 후한 점수를 받을 수 있을 것이다.

여섯 번째는 시장에 어떤 경쟁자들이 있고, 자신이 그들과 구분되는 차별점이 무엇인지 설명할 차례다. 간혹 자신의 제품이 국내 혹은 세계 최초로 개발된 것이기 때문에 경쟁자가 없다고 발표하는 스타트업들도 있는데, 이렇게 발표하면 투자자들로부터 외면 받을 가능성이 크다. 꿩 대신 닭이라고 고객들은 그동안 어떤 방식으로든 자신들이 겪는 불편을 해결하기 위해 다른 행동을 하고 있을 것이 분명하기 때문이다. 따라서 경쟁사는 유사제품, 대체재 영역까지 고려해서 폭넓게 생각해야 한다.

일곱 번째에서는 비즈니스 모델, 즉 어떤 방식으로 수익을 창출할 것인가를 보여주고, 여덟 번째에 목표 시장을 제시하면 된다. 앞서도 수차례 강조했지만, 처음부터 너무 넓은 시장을 목표로 하기 보다는 작은 시장에서 시작해 점차 확장해나가는 것이 중요하다. 발표를 할 때도 목표 시장은 되도록 좁게 설정해 사업의 현실 가능성을 먼저 보여줘야 한다. 투자자들이 '어? 저 정도라면 한 번 해볼 만하겠는데?'라는 생각을 가질 수 있도록 한 다음, 앞으로 어떻게 시장을 확장해갈 것인지 비전을 보여준다면 그들의 마음을 단번에 사로잡을 수 있을 것이다. 그렇게 해서 얼마의 돈을 벌 수 있을 것인지 매출과 수익에 대한 예측 자료를 제시하는 것이 아홉 번째 단계다.

열 번째로 소개할 것은 팀 구성원들이다. 의외로 팀원 소개를 간과하는 스타트업들이 많은데, 투자자들은 그 팀이 어느 정도의 문제 해결 능력을 갖추고 있는지, 목표한 것을 진짜 달성할 수 있는 역량을 갖추고 있는지 매우 궁금해 하고 중요하게 생각한다. 실제 아이템은 별로인데, 팀 구성이 너무 좋아 투자를 받은 팀도 있었다. '이 팀은 뭘 해도 하겠구나'하는 판단에서였다. 아이템은 변경됐지만, 그 팀은 변경된 아이템을 성공으로 이끌었다.

여기까지 하면 슬슬 발표를 마무리하는 단계로 접어들게 된다. 앞으로 어떻게 사업을 진행할 것인지 일정을 설명하고, 투자금을 받으면 그 자금을 어디에 쓸 것인지도 설명하는 것이 좋다. 그리고 제일 마지막엔 투자자가 왜 자신들에게 투자를 해야 하는지 다시 한 번 강력하게 어필하면서 마무리하면 된다.

이제는 연습이다. 위 13단계를 보고 '아, 이렇게 하는 거구나'하고 고개를 끄덕이고 말 것이 아니라, 습득해서 완전히 자기 것으로 만들어야 한다. 상황에 맞게 자유자재로 변형해서 말할 수 있도록 계속해서 연습하자. 머릿속에서는 모든 것이 일목요연하게 정리된 것 같아도 막상 입 밖으로 내뱉으면 횡설수설하는 경우가 많다. 따라서 언제, 어디서, 어떻게 운명의 상대(중요 고객이나 투자자)를 만날지 모른다는 생각으로 철두철미하게 준비해야 한다. "다음에 정식으로 찾아뵙고 인사드리겠습니다"라고 말한다면, 애석하게도 그 '다음'은 없을 확률이 높다. 기회는 준비된 자에게 온다는 말은 여기에서도 어김없이 들어맞다.

스타트업 지분 나누기

많은 스타트업들이 간과하는 것이 지분 분배다. 하지만 투자 유치를 고려하고 있다면, 지분도 전략적으로 배분해야 한다. '좋은 게 좋은 거지'라고 생각하다간 나중에 경영권 분쟁으로 고생할 수도 있다. 공동 창업자가 없어서 혼자 100%의 지분을 가지고 있다면 크게 문제가 되지 않겠지만, 요즘은 혼자 창업하는 경우보다 3~5명이서 함께 창업하는 경우가 많다. 이때 많은 사람들이 착각하는 것이 공동 창업자들과 공평하게 지분을 n분의 1로 나누는 것이 가장 이상적이라고 생각한다는 것이다. 물론 각자 가치관이 다르기 때문에 무엇이 정답이라고 할 수는 없지만, 현재 투자를 염두에 두고 있다면 n분의 1로 지분을 나누는 것을 그다지 추천하지 않는다. 투자자들은 지분 구조에 있어 CEO의 안정적인 리더십을 원하기 때문이다.

예를 들어 창업자가 공동 창업자 3명과 함께 회사 지분을 25%씩 나눠 갖기로 했다고 가정해보자. 그런데 지분구조가 대표 중심이 아니라면 하나의 사안을 결정하는데 오랜 시간이 걸릴 가능성이 높다. 때로는 의견 불일치와 갈등으로 사업 추진력이 떨어질 수도 있다. 당연히 대표의 리더십도 불안정해질 수밖에 없다. 뿐만 아니라 잘못된 의사 결정에 대한 책임 소재도 애매해진다. 따라서 초반에는 대표 직함을 가진 사람이 51% 이상의 지분을 가져가고, 그에 따른 의사 결정권과 책임도 다른 사람들보다 무겁게 가져가는 것이 사업을 안정적으로 해 나가는데 훨씬 도움이 된다.

이렇게 지분을 나눠야하는 또 다른 이유도 있다. 최악의 경우 경영권을 잃고, 자신이 고생해서 일군 기업이 다른 사람 손으로 넘어가는 꼴을 봐야 할 수도 있기 때문이다.(가슴 아픈 기억이지만, 25살 나의 첫 창업이 이랬다.) 사업을 진행하면서 4~5번의 투자 유치를 받았고, 그때마다 투자자에게 신규 주식을 발행해주었다고 해보자. 그렇게 되면 기존 창업자들이 가지고 있었던 25%의 지분은 희석되어 가치가 낮아지게 된다. 투자 규모가 커질수록 지분율이 20%, 10%, 5%로 떨어지고, 결국 투자자가 대주주가 되어 경영권과 회사가 넘어가는 사태가 발생할 수도 있다. 따라서 초창기에 시드머니(종자돈)를 받아서 기업을 만들어 나갈 때는 투자 지분을 10% 정도로만 유지하는 것이 좋다. 기업 가치가 가장 낮게 평가되는 때가 창업 초창기인데, 처음부터 너무 많은 돈을 투자받으려 하지 말고 다음 성장 단계에 진입하기까지 필요한 돈만큼 1차적으로 투자를 받고, 회사의 가치가 높아진 후 더 좋은 조건으로 다시 투자를 받는 것이 좋다. 그런 다음 투자자의 지분 10%를 제외한 90% 가운데 51~60% 지분을 대표가 가져가고, 거기에서 또 나머지를 공동 창업자들이 나눠 갖는 것이다. 추가적으로 투자를 받아서 주식 희석이 발생하더라도 대표가 가지고 있는 지분율이 크기 때문에 경영권에는 타격이 가지 않게 된다.

이렇듯 지분 문제는 분명 어렵고 복잡한 것임에는 틀림없다. 하지만 이 문제만큼은 소 잃고 외양간 고치는 것이 불가능하기 때문에(이미 경영권을 잃었거나, 회사에서 쫓겨났거나) 미리미리 관련 지식을 공부하고, 만약의 사태에 철저히 대비해야 한다.

노는 물을
달리 하라

스타트업으로 시작했지만, 언제까지 작은 기업으로 머무르고 있을 수는 없다. 비록 시작은 미약했을 지라도 그 끝은 창대하게 만들어야 하지 않을까?

씨엔티테크를 처음 설립했을 때를 돌아보면, 당시 나와 비슷한 시기에 창업을 했던 몇몇 친구들이 있었다. 10년이 훌쩍 지난 지금, 그 가운데는 회사를 굉장히 크게 키운 친구들이 있는가 하면, 간신히 명맥만 유지하고 있는 친구들도 있고, 사업에 실패해 아예 연락조차 안 되는 친구들도 있다. 똑같이 창업을 했는데, 이렇게 격차가 벌어지는 이유가 무엇일까?

또 다른 경우를 생각해보자. 함께 회사에 입사한 동기 중에 단연 돋보이며 승승장구 하는 친구는 비결이 무엇일까? 학창 시절 함께 놀던 친구가 10년 뒤 연봉 몇 억을 받는 소위 '잘 나가는 샐러리맨'이 되었다고 하는데, 도대체 그 동안 무슨 일이 있었던 것일까? 어떻게 그리 될 수 있었을까? 분명 출발점은 나와 비슷하거나 같았는데, 왜 이렇게 '노는 물'이 달라진 것일까?

사례는 각각 다르지만, 공통적인 성공 비결은 세 가지 정도로 꼽을 수 있다. 첫 번째로는 항상 큰 꿈과 높은 목표를 가지고 그것을 달성하기 위해 꾸준히 노력해왔다는 것이다. 두 번째로는 자신의 장점, 매력을 다른 사람들에게 잘 어필할 줄 알았기 때문이다. 면접에서든, 연봉 협상에서든, 거래처와의 만남에서든 자신의 매력을 상대방에게 잘 어필한 사람은 남다른 성과를 얻어내기 마련이다. 세 번째는 뛰어난 정보력이다. 홍수처럼 흘러넘치는 수많은 정보 속에서 자신에게 꼭 필요한 정보를 찾아내고, 필요하다면 발로 뛰어 정보를 얻는 수고도 마다하지 않는다.

이번 장에서는 위 세 가지 비결을 스타트업 경영에 어떻게 적용해야 할지에 대해서 살펴보려고 한다. 목표 설정은 〈비전 수립〉, 매력 어필은 〈마케팅〉, 정보력은 〈빅 데이터 활용〉으로 각각 이어진다.

목표 설정: 큰 그림을 그려라

어릴 적 우리는 장래희망에 대한 질문을 많이 받았다. "넌 무엇이 되고 싶니?", "꿈이 뭐니?"라는 질문에 "대통령이요!", "훌륭한 과학자가 되고 싶어요!"라고 호기롭게 대답하곤 했다. 장래희망, 즉 '나는 무엇이 되고 싶다' 혹은 '어떤 일을 하고 싶다'고 결정하는 것은 인생의 큰 방향을 설정한다는 측면에서 매우 중요한 일이다. 장래희망이 확고할수록 앞으로의 진로를 더 잘 계획할 수 있기 때문이다. 예를 들어 화가가 되고 싶다면 예술 고등학교와 예술대학에 진학해 배움의 깊이를 더하겠다는 계획을 세울 수 있을 것이다. 또 틈틈이 인사동 거리에 나가 사람들의 초상화를 그려주자는 계획을 세울 수도 있다. 하지만 자신이 무엇을 하고 싶은지, 무엇을 해야 하는지 모르는 사람은 인생을 방황하며 헛되이 보내기 쉽다.

기업도 이와 마찬가지로 무엇을 하려고 하는 기업인지 정체성, 즉 사명Mission을 명확히 할 필요가 있다. 미국 항공특송업체 페덱스FedEx는 '전 세계 어디든 밤새도록 움직여 고객의 물건을 제 시간에, 정해진 목적지에, 안전하게 배송한다'는 것을 기업의 사명으로 두고 있다. 문장을 읽자마자, 이 기업이 하고자 하는 것이 무엇인지, 왜 존재하는지 알 수 있다. 이렇게 기업의 사명을 명확히 정의하면 기업이 나아가야 할 방향과 정체성을 확실히 할 수 있다.

'전 세계 소비자의 실시간 외식 주문에 대해 최신 기술과 최적의 운영을 통해 클라이언트의 매출과 브랜드 가치를 높인다. 원거리 실시간 외식 주문 문화를 선도해 인류 생활의 편의성을 높이고, 사회적으로 건전한 고용창출에 이바지한다.'

위 문구는 우리 회사의 사명이다. 아예 회사 입구에 큰 간판을 만들어서 적어놓았는데, 직원들은 매일 출퇴근길마다 이 글을 마주하게 된다. 별 것 아닌 것처럼 보이지만 기업의 사명을 깊이 이해하고 공유하는 것은 상상 이상의 효과를 발휘한다. 고객의 불만 전화를 한 통 받더라도, 클라이언트의 메일에 답장을 한 줄 쓰더라도 직원들은 자신의 행동 하나하나가 무엇을 위해 하는 일인지, 어떤 의미를 가지는지 알 수 있기 때문이다.

사명Mission도 중요하지만 가치Value를 정립하는 일도 중요하다. 개인의 인생만 보더라도 각자가 가진 가치관에 따라 그 사람이 인생을 살아가는 방식이 달라지듯 기업도 똑같다. 예전만 하더라도 기업의 가치는 이윤을 창출하는 것에 있다고 생각했지만, 최근엔 '사회의 어떤 문제를 해결하는 기업인가', '사회에 얼마나 긍정적인 영향을 미치는가'를 더 중요하게 생각하고 있다. 한때 '갑의 횡포'로 도마 위에 올랐던 기업들만 보더라도 기업이 가진 가치관이 얼마나 중요한지 이해할 수 있을 것이다. 단지 돈을 벌기 위해 존재하는 기업은 사회에 긍정적인 변화와 영향을 주기 위해 존재하는 기업과는 분명 매 순간 다른 선택, 다른 결정을 해나갈 것이다. 만약 '사회에 긍정적인 영향을 미치는 기업이 되자'는 가치를 가진 기업이라면, 아무리 돈이 많이 벌리는 일이라도 사회에 악영향을 미치는 일이라면 과감히 포기할 것이다.

그러나 아무리 좋은 철학, 좋은 목표를 가지고 있어도 그것을 실현하기 위한 구체적인 방법이 없다면 단지 몽상에 불과하다. 버스 운전에 비유하자면, 서울행인지 부산행인지 방향성과 목적지를 밝히는 것이 방금 설명한 기업의 가치Value와 사명Mission을 의미한다면, 도로 상황 등을 고려해서 목적지에 다다르기 위한 가장 효율적인 경로를 설정하는 것이 비전Vision 수립이다. 그리고 그 비전을 달성하기 위해 순간순간 해야 하는 행동들, 즉 좌회전을 한다거나, 고속도로로 간다거나, 속도를 줄이는 등의 판단을 하고 행동에 옮기는 것이 전략Strategy에 해당한다. 이 모든 것을 통틀어 경영 용어로 VMVS 전략이라고 한다.

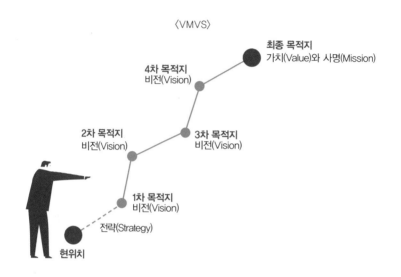

〈VMVS〉

최종 목적지
가치(Value)와 사명(Mission)

4차 목적지
비전(Vision)

2차 목적지
비전(Vision)

3차 목적지
비전(Vision)

1차 목적지
비전(Vision)

전략(Strategy)

현위치

비전은 기업이 달성해야 할 중장기적 목표로 보통 4~5년 단위로 수립한다. 대통령의 임기도 5년이고, 회사에서 개인의 승진 단위도 평균 4~5년인 것처럼 이 기간은 하나의 목표를 수립하고 성취할 수 있는 최소 단위로서의 기간이다. 특히 이 비전 수립은 CEO가 해야 할 가장 중요한 일이다. 일류 기업으로 거듭나느냐, 아니냐 하는 것은 비전 수립의 여부에 있다고 해도 과언이 아니다. CEO는 정확한 비전 수립을 통해 기업을 끊임없이 발전시켜야 한다.

개인적으로 소프트뱅크 손정의 회장이야말로 인생의 비전을 가장 잘 설계한 인물이 아닐까 생각한다. 그는 사회생활을 시작한 19세 때 '20대에 내 분야에서 이름을 알리고, 30대에 최소한 현금 1천억 엔 정도의 자금을 모아 40대에 큰 승부를 걸고, 50대에 사업을 완성시킨 뒤, 60대에 다음 세대에 사업을 완전히 물려준다'는 비전을 세웠다. 그리고 이것을 지금까지 하나씩 성공적으로 실천해오고 있다. 만약 손정의 회장이 위와 같은 비전을 세우지 않고 살았다면, 지금처럼 위대한 경영자로 칭송받을 수 있었을까? 그 또한 중간에 지쳐 쓰러진 적이 왜 없겠냐만, 인생의 확고한 비전이 있었기 때문에 묵묵히 자신의 길을 걸을 수 있었을 것이다.

기업도 손정의 회장처럼 비전을 세워야 한다. 비전을 체계적으로 세운 기업은 지금 자신이 어디에 있는지, 그래서 어디로 가야 하는지, 앞으로 무엇을 해야 하는지 명확히 알고 실천할 수 있지만, 비전이 없는 기업은 매번 제자리걸음을 하거나 뒷걸음질을 칠 수밖에 없다.

〈표 10〉 씨엔티테크의 비전

2003~2007	생존
2008~2011	한국 외식 인프라 통합
2012~2015	서비스 표준화, 세계화, 역량 강화

위 표는 씨엔티테크를 경영하면서 4~5년 단위로 수립한 비전이다. 2003년부터 2007년까지는 사업 초창기로 죽느냐 사느냐의 문제가 더 중요한 시기였다. 적자를 면치 못하고 있었기 때문에 어떤 거창한 비전

이 있었다기보다는 망하지 않고 시장에서 버텨내는 것이 중요했다. 그러다 적자를 극복하고 처음으로 흑자를 낸 시점이 2007년이었다. 그때부터 이렇다 할 비전을 내세울 수 있었는데, 2008년부터 2011년까지는 한국 외식 인프라를 통합해 '외식 주문중개 플랫폼' 시장의 선두주자가 되겠다는 비전을 세웠다. 사실 2007년까지만 해도 거래처가 2개에 불과했던 상황이라 그것은 절대 실현 불가능한 목표처럼 보였다. 하지만 이 목표를 달성하기 위해 직원들과 함께 불철주야 노력했고, 그 결과 2011년 말에는 50여개 프랜차이즈, 26,000개 매장을 고객사로 유치하며 91%의 시장 점유율을 달성할 수 있었다.

이때의 경험으로 깨달은 것은 목표는 자신이 실현할 수 있는 것보다 조금 높게 잡는 것이 좋다는 것이다. 100점을 목표로 잡은 사람은 100점으로 가기 위해 부단히 노력하겠지만, 80점을 목표로 잡은 사람은 100점을 받을 수 있음에도 불구하고 노력을 기울이지 않을 확률이 높기 때문이다.

또 하나 비전을 수립할 때 중요한 것은 비전에 대해 직원들과 꾸준히 공유하고 소통하라는 것이다. '말 안 해도 잘 알거야'라고 생각한다면 큰 착각이다. 사랑도 표현할수록 연인과의 관계가 끈끈해지듯이 비전도 직원들과 많이 얘기하고 소통할수록 직원들의 사기도 높아지고, 경영 성과도 놀라울 만큼 달라진다. 존슨앤존슨 CEO였던 짐 버크Jim Burke만 보더라도 하루 일과의 40%를 회사의 핵심 가치와 믿음, 비전에 대해 직원들과 소통하는데 할애했을 만큼 비전 공유를 중요하게 생각했다. 페덱스 CEO인 프레데릭 스미스Frederick W. Smith는 "모든 직원이 비전을 공유하기 전까지는 초우량 기업으로 거듭날 수 없다"고 말하기도 했다.

마지막으로는 비전을 실행할 전략Strategy을 세우는 단계다. 5년 뒤 시장 점유율 1위를 달성하겠다는 비전을 세워도, 그것을 뒷받침할 전략이 없다면 비전은 그저 겉만 번지르르한 구호에 그칠 가능성이 크다. 따라서 전략은 곧바로 실행에 옮길 수 있을 만큼 구체적이고 현실적이며 직관적이어야 한다. 또한 조직별, 부서별, 팀별, 개인별로 전략을 세우되 연간, 분기, 월 단위로 점검하면서 전략을 수정, 발전시켜나가야 한다.

VMVS 전략을 잘 세운 기업과 그렇지 못한 기업의 차이는 다시 버스 운전에 비유해서 설명할 수 있다. 가장 이상적인 회사는 운전대를 잡은 CEO가 목적지를 설명하고, 뒤에 탄 승객들(직원들)은 그 목적지에 대해 신뢰와 확신을 가지고 있다. 중도 하차하려는 승객들은 없고, 끝까지 함께 그 목적지를 향해 달려나간다. CEO는 내비게이션과 계기판을 보며 속도는 적절한지, 기름이 떨어지지는 않았는지, 도로 상황은 어떤지 끊임없이 상황을 점검한다. (매출, 이익, 시장 점유율 등의 지표를 계속 점검하며 회사의 위치와 시장 상황을 확인하는 것이라 볼 수 있다.) 이런 회사일수록 유능한 직원들도 많아, 때때로 직원들은 CEO가 운전을 하느라 놓쳤던 주변의 세세한 풍경과 상황을 설명해주기도 하고, 목적지에 다다르기 위한 더 좋은 방법(전략)을 제시하기도 한다.

〈망원경〉

그러나 삐걱거리는 회사는 이와는 정 반대의 모습이다. 어디로 가는 버스인지는 오로지 CEO만 알고 있다. 무슨 심보인지 창문도 모두 신문지로 가려버려서 승객들은 밖을 볼 수 없다. 이런 버스에서는 어떤 일이 일어날까? 어디로 가는 버스인지 알 수 없으니 승객들은 극도의 불안감에 시달릴 수밖에 없다. 제대로 버스를 탄 것이 맞는지, 이 버스가 정말 제대로 된 버스는 맞는지, 기사는 믿을 수 있는 사람인지, 엉뚱한 방향으로 가는 것은 아닌지 의심스럽기만 하다. 밖을 볼 수 없는 상황에서 버스가 덜컹거리니 멀미도 난다. 급기야 여기저기서 구토 증세를 보이는 사람들까지 나타난다. 결국 사람들은 버스에서 제발 내리게 해달라고 아우성을 친다. 직원들의 불만이 끊이지 않는 회사, 퇴사율이 높은 회사의 전형적인 모습이다.

어떤가? 스스로 그리고 있는 회사의 미래는 어떤 모습인가? 똑같이 창업을 해도 누군가는 몇 년 안에 큰 기업을 일구어내는가 하면, 누군가는 당장 밥 벌어 먹고 살기 어려운 이유는 결국 기업의 가치Value, 사명Mission, 비전Vision, 전략Strategy을 제대로 세웠느냐 아니냐에 있다.

매력 어필: 마케팅으로 고객 사로잡기

앞서 성공한 사람, 성공한 기업의 두 번째 특징은 자신의 장점과 매력을 상대방에게 잘 어필하는 것에 있다고 했다. 특히 기업이 고객에게 자신이 만든 제품이나 서비스를 어필하는 것은 마케팅 활동에 비유할 수 있다. 여배우들이 화장품 광고에 출연해 매끈한 피부를 뽐내는 모습을 보고 있자면, '저 제품을 쓰면 나도 저런 피부가 될 수 있을까'하는 착각에 빠질 때가 있다. 만약 지갑을 열어 그 제품을 구매했다면, 화장품 회사가 어필하는 매력에 사로잡힌 것이다.

마케팅 하나만 잘 해도 기업은 하루아침에 유명세를 탈 수 있다. 대기업처럼 돈이 많다면 TV 광고든 옥외 광고든 대대적으로 브랜드를 노출하면 되겠지만, 자본이 부족한 스타트업에게는 그림의 떡이다. 그래도 다행인 것은 마케팅이라는 것이 꼭 큰돈이 있어야만 가능한 것은 아니라는 사실이다. 최소의 비용으로 최대의 효과를 낼 수 있는 여러 가지 대안들이 존재한다.

첫 번째로 블로그를 통한 홍보 방법이다. 진부하지만, 가장 기본이 되는 마케팅 방법이기도 하고, 돈이 없더라도 시간과 노력만 있다면 얼마든지 할 수 있다. 요즘은 워낙 검색이 보편화되다 보니, 포털 사이트에 검색이 되지 않으면 제대로 된 기업이 맞는지, 제품이 이상해서 사람들이 찾지 않는 것은 아닌지 의심부터 하게 된다. 반대로 콘텐츠가 다양하게 검색되면 일단 믿을 만한 기업이구나 하는 신뢰감이 생긴다.

블로그 글을 작성하는 것에 어느 정도 노하우는 필요하지만, 가장 중요한 것은 '꾸준히 기록하는 것'에 있다. 당장 읽어주는 사람이 없어도, 블로그 방문자가 없어도, 아무런 댓글이 달리지 않아도 좌절하지 말고 하나씩 하나씩 쌓아나가는데 집중하자. 그러다 보면 언젠가 그것이 콘텐츠로서 큰 힘을 발휘하는 순간을 맛볼 수 있을 것이다. 글의 주제는 회사 제품과 직, 간접적으로 연관된 정보들에 대해 적는 것이 가장 좋다. 스마트 워치를 만들고 있는 스타트업이라면 제품에 대한 소개 글을 적는 것과 동시에 이제 막 태동하기 시작한 웨어러블 시장의 전반적인 현황에 대해 알기 쉽게 분석해서 알려주는 것도 좋은 방법이다. 그렇게 꾸준히 콘텐츠를 쌓다 보면 해당 분야의 전문 기업이라는 인식을 심어줄 수 있을 것이다.

두 번째는 SNS 채널을 운영하는 것이다. SNS는 스마트폰을 통해 하루에도 많게는 수십 번 넘게 접속하는데, 그만큼 어떤 매체보다 우리들의 일상 속에 깊숙하게 들어와 있는 매체라고 할 수 있다. 또한 TV 광고와 같은 매스미디어는 일방향적으로 상대방에게 메시지를 쏟아내는 성향이 강하지만, SNS는 고객들과 직접 소통하며 끈끈한 관계를 유지할 수 있다는 측면에서 매스미디어보다 더 강력한 광고 효과를 발휘하기도 한다.

특히 스마트폰으로 SNS에 접속하는 비율이 높다는 점을 감안한다면, 빼곡하게 글만 가득한 콘텐츠보다는 이미지 등을 활용한 스토리텔링 형식의 읽기 쉽고 재밌는 콘텐츠가 사람들의 관심을 끌기에 더 좋다. 일례로 '잡 코리아'에서 취업 준비생의 일상을 그린 웹툰을 매주 1회 페이스북에 게재한 적이 있는데, 2030 젊은이들로부터 공감을 얻으며 큰 인기를 끈 바 있다. 잡코리아의 주요 타깃층인 취업 준비생들의 생각을 잘 반영하고, 공감대를 형성했던 것이 마케팅의 성공 비결이었다. 만약 기업에 대한 재미없고 진부한 정보, 자화자찬의 글들만 올렸다면 사람들의 관심을 끄는데 실패했을 것이다.

뿐만 아니라 각 SNS마다 특징이 있는데, 그에 맞게 전략적으로 접근하는 것도 매우 중요하다. 쇼핑몰이나 음식점을 운영하는 CEO의 경우 사진 공유에 특화된 SNS인 인스타그램을 홍보 수단으로 많이 활용하고 있다. 예쁜 옷, 맛있는 음식만큼은 백 마디 말보다 하나의 사진으로 표현할 때 더 효과적이기 때문이다. 또한 연령층이 높아질수록 카카오 스토리나 네이버 밴드와 같이 폐쇄적 성향이 짙은 SNS를 사용한다는 것도 참고할 만한 특징이다.

세 번째 마케팅 방법으로는 SNS에 광고를 게재하는 것을 생각해볼 수 있다. 불과 1~2년 전만 해도 모바일에서는 배너광고가 성행했지만, 페이지에 접속한 사람들로부터 거부감만 불러일으킬 뿐 광고 효과가 크지 않다는 것이 밝혀지면서, 다른 방식의 광고들이 그 자리를 대신

하고 있다. (나 또한 배너광고가 남발하는 앱이나 웹 페이지는 곧바로 닫아버린다.) 그 가운데 최근 각광받고 있는 것은 광고가 마치 콘텐츠의 일부인 것처럼 자연스럽게 노출되는 네이티브 광고^{Native}

Ad 방식이다. 각 사이트 고유의 콘텐츠 작성 방식에 맞게 광고를 만든 뒤, 사람들의 타임라인에 슬쩍 끼워 넣는 것이다. 실제 SNS를 많이 사용하고, 모바일을 많이 사용하는 주요 35개국에서 조사를 해본 결과, 네이티브 광고가 일반 광고보다 4~5배 이상 효율이 높은 것으로 나타났다.

네 번째로는 동영상 UCC를 통해 바이럴을 일으키는 방법이 있다. 이와 관련해서는 미국의 믹서기 제조업체인 블렌텍^{Blendtec}의 사례를 들 수 있다. 블렌텍의 CEO 톰 딕슨^{Tom Dickson}은 제품을 홍보할 방안에 대해 고민하다가 'Will It Blend?(이게 갈릴까요?)'라는 제목의 동영상을 유투브에 공개했다. 믹서기에 대리석을 넣어 갈아버리는 모습이었는데, 그 영상을 본 사람들은 놀라움과 충격을 금치 못했다. 순식간에 블렌텍의 영상은 입소문을 타고 퍼져나갔고, 영상 공개 이후 매출이 700%나 증가하는 기염을 토했다. 단돈 50달러의 투자로 이뤄낸 성과였다.

첫 UCC에서 대리석을 갈아서 화제를 모은 뒤에는 다양한 제품들을 믹서기에 넣기 시작했다. 아이폰, 아이패드도 믹서기에 처참히 갈렸고, 가수 저스틴 비버가 유명해졌을 땐 그의 CD를 믹서기에 갈아 화제를 모으기도 했다. 아이폰, 저스틴 비버 음악과 같이 이슈가 되는 제품, 인물 등을 소재로 활용함으로써 자신의 동영상까지 검색되게 만드는 '업혀가기' 전략도 눈여겨볼 만하다. 이러한 블렌텍의 성공은 스타트업들에게 시사하는 바가 크다. 제품은 좋지만 자금이 부족해 홍보를 고민하는 스타트업들에게 참신한 아이디어를 앞세운 UCC 마케팅이 좋은 대안이 될 수 있다는 것을 보여주고 있다.

마지막 다섯 번째로는 플래시몹Flash Mob 마케팅이 있다. 최근에는 플래시몹 현장을 영상으로 찍어 유튜브에 다시 올리는, 플래시몹Flash Mob 마케팅과 UCC 마케팅을 결합하는 사례들이 많아지고 있다. UCC 마케팅은 고객과 직접 만나서 소통을 할 수 없다는 한계가 있지만, 플래시몹 마케팅은 고객에게 직접 경험을 제공한다는 측면에서 UCC 마케팅의 한계를 보완하기 때문이다. 고객에게 제품에 대한 경험을 제공하고, 그 현장을 동영상으로 올려 바이럴 효과까지 넘보는 일석이조 마케팅을 기획하는 것도 좋은 아이디어가 될 것이다.

이 외에도 수많은 마케팅 방법이 있지만, 모든 것들을 여기서 다 소개하는 것은 불가능하기에 최근 가장 많이 활용되고 있는 다섯 가지를 중심으로 설명했다. 어떤 것이 가장 좋은 방법이라고 단정 짓기는 어렵다. 제품의 특징, 타깃층의 성향 등에 따라 잘 먹히는 마케팅이 다를 수 있기 때문이다. 중요한 것은 여러 가지 시도를 꾸준히 해보면서, 제품의 매력을 가장 잘 어필할 수 있고, 고객들과 끈끈한 관계를 지속적으로 가져갈 수 있는 자신만의 방법을 찾아나가는 것이다.

비즈니스는 정보력: 빅 데이터 활용

성공한 사람, 성공한 기업의 세 번째 특징은 남다른 정보력을 자랑하는데 있다. 비즈니스는 정보의 싸움이라고 해도 과언이 아니다. 고객이 무엇을 좋아하는지, 경쟁사와 시장 동향은 어떤지 등을 알고 있는 것과 모르는 것은 전혀 다른 결과를 가져오기 때문이다. 아무래도 많은 정보를 알고 있을수록 이기는 싸움을 준비할 수 있다.

정보력이 가장 뛰어났던 역사적 인물은 역시나 이순신 장군이다. 이순신 장군은 아군의 장점과 단점, 적의 장점과 단점, 우리나라의 지형 등을 종합적으로 파악해 전략을 세웠다. 또한 첩자와 탐망선을 동원해 적의 동태를 살피는 것도 게을리 하지 않았는데, 지피지기知彼知己 백전불태百戰不殆라는 말처럼 뛰어난 정보 수집력과 분석력을 바탕으로 전쟁을 늘 승리로 이끌었다.

21세기 정보력은 '빅 데이터'로 귀결된다. 앞서 빅 데이터에 대해 언급했지만, 빅 데이터는 그야말로 무궁무진한 정보의 원천이며 이 정보를 바탕으로 다양한 서비스로 확장시킬 수 있다. 이와 관련해 미국의 대형마트 타겟Target의 사례가 대표적으로 언급된다. 어느 날, 한 가정집에 미성년자인 딸에게 출산용품 할인쿠폰이 도착했다. 임산부 옷, 신생아 옷 등을 저렴하게 살 수 있는 쿠폰이었다. 그것을 받아든 아버지는 너무 화가 나서 마트로 달려갔다. 도대체 고등학생인 딸에게 왜 이런 말도 안 되는 쿠폰을 보낸 것이냐며 담당자에게 따지기 위해서였다. 그런데 놀랍게도 대형마트의 판단이 옳았다. 딸의 온라인 이용 행태와 구매 패턴 등을 분석한 결과 임산부라는 사실을 파악할 수 있었고, 미성년자인 딸은 아버지에게 임신 사실을 숨기고 있었던 것이다. 빅 데이터가 가진 정보력이 얼마나 엄청난지 알 수 있는 사례다.

아마존닷컴에서도 고객의 검색 및 구매 패턴을 분석해 고객이 좋아할 만한 책을 추천하는 빅 데이터 시스템을 갖추고 있는데, 이 서비스를 시작한 이후 전체 매출의 30%가 오를 만큼 정확도가 높다.

이렇듯 고객들이 하나 둘 확보되기 시작하면 어떤 기업이든 그 나름대로의 데이터를 가지게 된다. 그것을 그냥 묵혀두느냐, 하나의 정보로써 활용하느냐 하는 것은 각 기업의 몫이다. 그러나 분명한 것은 그 데이터를 활용하는 기업은 고객 만족도를 높이고 매출을 끌어올리는 것이 단지 시간문제라는 사실을 알게 된다는 것이다. 빅 데이터 활용은 크게 세 가지 분야로 나눌 수 있으며, 아래 사례들을 통해 앞으로 자신은 어떻게 데이터를 활용해 기업을 운영할 것인지 구상해보는 것도 좋겠다.

첫 번째는 고객의 취향을 분석해 그 고객에게 최적화된 '맞춤형 서비스'를 제공하는 것이다. 사람들은 불특정 다수에게 토해내듯 보내는 메일, 알림에 대해선 '짜증나는 스팸'으로 인식하지만, 자신의 취향에

딱 맞는 제품을 추천해주는 것은 '고마운 정보'로 인식하는 경향이 있다. 이런 서비스를 가장 잘 하고 있는 곳이 방금 언급했던 아마존닷컴이고, 국내 인터넷 서점 예스24도 그와 비슷한 서비스를 제공하고 있다. 그 외 태그드닷컴의 이성 추천 서비스, 스트리밍 서비스업체인 넷플릭스Netflix와 국내 스타트업 왓차Watcha의 영화 추천 서비스도 큰 인기를 끌고 있다. 이 서비스들 모두 고객의 정보, 구매 이력, 별점 기록 등을 토대로 취향을 분석해 적절한 제품과 콘텐츠를 추천해준다.

KB국민카드에서 2015년 6월부터 제공하는 스마트 오퍼링 서비스도 이와 유사하다. 스마트 오퍼링은 빅 데이터로 고객의 행동, 소비 패턴을 분석해 실시간으로 할인 정보를 제공하는 서비스다. 예를 들어 서울과 경기도에서 카드를 주로 결제하던 고객이 다른 지방이나 고속도로 휴게소 등에서 카드를 긁으면 장거리 여행이나 출장을 떠났다고 보고, 주유소 할인 쿠폰을 제공하는 식이다.

이렇듯 개개인의 상황 혹은 취향을 파악해 상품을 추천하고 최적의 정보를 제공하는 방향으로 빅 데이터 시스템은 점차 발전하고 있다. 앞으로 이런 형태의 추천 서비스는 더욱 다양한 분야에 걸쳐 나올 것이다.

두 번째는 고객들의 숨겨진 수요(니즈)를 파악하는 것이다. 대표적인 사례로 월마트가 있다. 월마트는 고객의 구매 영수증 데이터를 분석하던 중 전혀 관계없어 보이는 아기용 기저귀와 맥주가 함께 팔리고 있다는 사실을 발견했다. 그것도 주로 목요일이나 금요일에 위와 같은 구매가 많이 이루어졌다. 조사 결과, 아내의 심부름을 나온 남편들이 기저귀를 사면서 동시에 맥주까지 집어든 것임을 알게 됐고 월마트는 그때부터 기저귀와 맥주를 묶어 파는 기획 상품을 내놓고 팔기 시작했다. 당연히 매출은 폭발적으로 증가했다.

이후 월마트는 빅 데이터 분석에 본격적으로 투자하기 시작했다. 고객들의 구매 이력, 날씨 등 각종 데이터를 융합하고 분석해서 그날그날의 판매량을 예측하고, 그에 따라 물류량도 조절한 것이다. 덕분에 물류 관리도 전보다 훨씬 더 수월해질 수 있었다. 심지어 그날 가장 잘 팔릴 물건이 무엇인지 예측할 수 있을 만큼 시스템이 발전했다.

미국에 허리케인 태풍이 불어 닥칠 것이란 예보가 떴을 때, 월마트의 빅 데이터 시스템은 다시 한 번 그 진가를 발휘했다. 다른 상점들은 급히 문을 닫았지만, 월마트의 빅 데이터 시스템은 후레쉬와 맥주를 팔면 잘 팔릴 것이라고 추천한 것이다. 태풍이 불면 사람들이 정전과 같은 비상사태에 대비해 후레쉬를 사두고, 집 안에 꼼짝 않고 머물면서 맥주를 먹는다는 사실을 과거 데이터를 기반으로 도출해낸 것이다. 담당자는 곧장 매장 전면에 맥주와 후레쉬를 배치했다. 그러자 전주의 같은 요일과 대비해서 무려 7배의 매출이 올랐다.

마지막 세 번째로는 리스크 관리 혹은 고객 관리 측면에서 빅 데이터를 활용하는 것이다. 특히 미국의 레스토랑 피에프창[P.F. Chang]은 기업의 내부 데이터가 아닌 외부 데이터를 활용해 기업 경영에 효율을 꾀한 케이스다. 그들은 매일 2,000만 개의 SNS 데이터를 분석해서 매장과 관련해 어떤 이슈들이 인터넷 상에 떠돌고 있는지 파악하기 시작했다. 그러던 중 주문 접수와 고객 응대를 직원 한 명이 담당하면서 서비스의 품질이 떨어졌고, 여기에 대해 고객들이 불만을 품고 있다는 사실을 발견했다. 피에프창 경영진은 그 즉시 대책 마련에 나섰다. 주문 전화를 받는 일은 콜센터에 완전히 일임하고, 매장 직원은 고객 응대를 하는데 전념할 수 있도록 운영 방식을 바꾸어서 서비스의 질을 대폭 개선한 것이다. 이러한 피에프창의 대응은 국내 외식 업체들에게 던지는 시사점이 크다. 특히 요즘 고객들은 불만이 있으면 업체에 불만을 얘기하기보다 그냥 SNS에 '이 매장 별로다'라고 올려버리고 만다. 이런 정보들을 평소에 모니터링하지 않고 내버려둔다면 매장의 이미지는 회복할 수 없을 만큼 추락할 가능성도 있다.

위 사례들에서 보듯 빅 데이터는 엄청난 정보력을 바탕으로 기업들에게 새로운 기회를 열어주고 있다. 아직 빅 데이터 시장이 초창기다 보니 전문가도 노하우도 부족하지만, 장기적인 관점으로 빅 데이터에 투자한다면 5년 뒤, 10년 뒤에는 놀라울 만큼 강력한 경쟁력을 가진 회사로 발전해있을지 모른다. 또 한 가지 강조하고 싶은 것은 되도록 빅 데이터 분석은 외부 업체에 아웃소싱으로 맡기기보다 기업 내부에서 전문가를 육성하는 것이 좋다. 빅 데이터 분석은 필요할 때마다 그때그때 하는 것이 아니라 평소에 관심을 가지고 꾸준히 들여다봐야 통찰력을 얻을 수 있기 때문이다.

빅 데이터 활용 TIP

#1. WEKA 프로그램

앞서 월마트는 고객들의 구매 이력, 날씨 등에 따라 그날그날의 판매량과 가장 잘 팔릴 물건이 무엇인지 예측할 수 있다고 했는데, 어떻게 이것이 가능할까?

'판매량'이 최종적으로 알고 싶은 결과 값이라면, 날씨, 강우량, 휴일 등은 판매량에 영향을 미치는 '주요 결정 변수Dominant factor'라고 한다. 그런데 이 변수들이 실제 최종 결과 값에 영향을 미치는 요소인지, 즉 비가 많이 올 때는 실제로 판매량이 떨어지는지, 축구 경기가 있는 날에는 맥주 소비량이 커지는지 등을 파악해야 하는데, 이것을 일일이 확인하고 검증하기가 쉽지 않다. 다행히 이 변수들이 유의미한 것인지 아닌지 판별해주는 프로그램이 있는데, 와이카토 대학교에서 개발한 WEKAWaikato Environment for Knowledge Analysis라는 프로그램이다. 여러 가지 알고리즘을 토대로 자신이 생각한 변수들이 실제 결과 값에 영향을 미치는 요소인지 아닌지 판별해준다. 씨엔티테크 또한 이 프로그램을 토대로 그날그날 걸려올 주문 전화 건수가 어느 정도인지 예측할 수 있었는데, 여기에 대한 자세한 스토리는 뒤에서 다시 소개하겠다.

- WEKA 다운로드: http://www.cs.waikato.ac.nz/ml/weka

#2. SNS 분석 프로그램

SNS의 영향력이 커지면서 특정 키워드가 SNS 상에서 어떻게 언급되고 있는지, 사람들의 반응은 어떤지 등을 분석해주는 사이트들도 생겨나고 있다. 아래 사이트를 참고해보자.

〈표 11〉 SNS 분석 프로그램

1. 소셜메트릭스 – 특정 키워드에 대한 트위터, 블로그 반응 – www.socialmetrics.co.kr
2. 트윗트렌드 – 특정 키워드에 대한 트위터 언급 분석 – www.tweetrend.com
3. 톱시 – 특정 키워드에 대한 트위터 언급 분석 – www.topsy.com
4. 빅풋9 – 페이스북 페이지 분석, 방문자 행동분석 등 – www.bigfoot9.com

알아두면 좋을 新 트렌드

#1. 비콘 Beacon

위치 기반 서비스와 관련해 꼭 알아둬야 할 상식으로 최근 각광받고 있는 비콘Beacon이라는 기술이다. 비콘은 블루투스를 활용한 근거리 위치 인식 기술로, 단말기에 스마트폰을 가져다대야 양방향 통신이 가능했던 NFC와 달리 최대 50m까지의 거리를 커버할 수 있다. 스마트폰

이용자들의 동선에 따라 적절한 쇼핑 정보, 쿠폰/할인 정보 등을 푸시 알림으로 알려주는 SK플래닛의 '시럽'과 같은 서비스들도 비콘 기술을 활용하고 있다. 또한 비콘은 실내 위치를 파악하는데 제약이 있었던 GPS의 단점까지도 극복해 보다 정교한 위치 파악이 가능하다. 한국과학기술평가원KISTEP에서도 미래 10대 유망기술로 비콘을 꼽은 바 있는데, 앞으로 이 기술을 활용한 위치 기반 솔루션이 폭발적으로 성장할 것으로 보고 있다.

#2. 모바일 커머스

스마트폰이 처음 나왔을 땐 기능형 솔루션 형태의 앱들이 주를 이뤘다. 기능형 솔루션은 말 그대로 '특정 기능'에 집중한 서비스로 버스 노선 안내, 스팸 차단 서비스 등과 같은 어플리케이션을 예로 들 수 있다. 지금도 다양한 형태의 기능형 솔루션들이 나오고 있지만, 쇼핑, 예매 등 결제 서비스를 제공하는 커머스형 솔루션이 더 빠른 속도로 성장하고 있다. 또한 기능형 솔루션도 수익 창출을 위해 커머스형 솔루션으로 변화하는 추세다. 카카오톡만 하더라도 처음엔 '채팅', '대화'라는 기능에 집중했지만, 지금은 선물하기, 이모티콘, 플러스친구 등 다양한 부가 서비스로 수익을 창출하고 있다.

실제 모바일 웹과 앱에서 일어나는 거래액만 보더라도 매 분기마다 두 자릿수 이상씩 성장하고 있다. 2013년과 2014년에 모바일 앱에서 가장 높은 성장률을 보인 것 또한 '쇼핑 앱'들이었다. 심지어 2014년 상반기에는 소셜커머스 업체 '위메프'의 모바일 앱이 전년 동기 대비

1,000% 이상 성장률을 보이기도 했다. 배달 앱의 성장률도 높아 주요 배달 앱 3사(배달의 민족, 요기요, 배달통)의 다운로드 숫자를 합하면 3,800만 건에 이른다.(2015년 4월 기준) 5천만 인구의 대한민국에서 4천만 건에 육박하는 다운로드 숫자는 굉장히 놀라운 성과다.

현재는 쇼핑, 영화 예매, 음식 배달 등 소액 결제를 중심으로 커머스 앱이 성장하고 있지만, 앞으로는 생활 전 분야에 걸쳐 다양한 형태의 커머스형 솔루션이 나타날 것이다. 또한 커머스형 솔루션의 성장과 함께 그것을 가능하게 하는 서비스들, 즉 금융, 신용카드, 쇼핑 정보 등의 서비스도 가파른 속도로 성장할 것이다. 그 중 최근 가장 주목받고 있는 것은 다음에 소개할 핀테크[FinTech]다.

#3. 핀테크

핀테크는 금융[Financial]과 기술[Technique]의 합성어로 전통적인 금융기관 중심의 금융 서비스에서 벗어나 모바일 플랫폼을 활용해 결제, 송금, 자산관리, 클라우드 펀딩 등의 금융 서비스를 제공하는 것을 말한다.

특히 최근엔 휴대폰으로 간단히 결제할 수 있는 '모바일 결제 플랫폼'에 대한 관심이 높다. 여기저기서 '3초면 결제 끝'이라는 캐치프레이즈를 내세우며 각종 간편 결제 서비스를 내놓고 있는데, 애플페이, 삼성페이, 카카오페이, 페이나우 등이 대표적인 서비스다. 애플, 삼성과 같은 글로벌 IT 기업, 네이버, 다음카카오와 같은 포털 사이트, LG유플러스 등 통신사까지 뛰어들고 있는 추세다. 게다가 정부 규제가 풀리면서 공인인증서 의무화가 폐지되고 액티브X까지 사라지면서 앞으로 간편 결제와 관련한 플랫폼 시장은 더욱 다양해지고 커질 것이다.

대기업 위주의 시장이라 스타트업이 진입하기 어려운 분야라고 느낄 수도 있겠지만 삼성페이의 경우 결제 관련 특허기술을 가진 벤처기업 루프페이LoopPay를 인수해서 사업을 본격화했다. 기술력만 있다면 대기업과 전략적 제휴를 맺거나 인수합병을 통해 기업 가치를 높일 수도 있다는 얘기다.

핀테크의 두 번째 유망 분야는 클라우드 펀딩이다. 클라우드 펀딩은 대중들이 십시일반 돈을 모아 참신하고 괜찮은 아이디어에 투자하는 것을 의미한다. 세계적으로 유명한 클라우드 펀딩 스타트업으로는 킥스타터Kickstarter가 있다. 이미 킥스타터를 통해 출판, 독립영화, 음반 제작을 비롯해 각종 연구 프로젝트, 제품 개발 등이 이뤄진 바 있다.

세 번째 유망 분야는 은행 등 금융기관을 거치지 않고 온라인상에서 개인과 개인이 돈을 주고받는 P2PPerson to Person 송금 서비스다. 대표적인 스타트업으로 미국의 P2P 대출업체 '렌딩클럽'과 '프로스퍼'가 있다. 이들 두 업체가 2008년부터 2014년까지 7년간 성사시킨 대출은 총 70억 달러(한화로 7조 5천억 원)에 달하며, 시장조사기관 리서치앤마켓의 조사에 따르면 2025년 전 세계 P2P 대출 시장은 1조 달러(한화로 1,090조 원) 규모에 이를 것으로 보고 있다. 잠재 성장성이 어마어마하다.

외화송금 서비스를 제공하는 영국의 기업 '트랜스퍼와이즈Transferwise' 도 유망 핀테크 스타트업으로 주목받고 있다. 그들이 제공하는 서비스는 이렇다. 한국에 사는 미국인 A씨는 매달 미국에 있는 가족들에게 돈을 부치고, 미국에 있는 한국인 B씨는 매달 한국에 있는 가족들에게 돈을 부치고 있다. 트랜스퍼와이즈는 A와 B를 매칭해주어 A씨는 B씨의 가족들에게 돈을 부치고, B씨는 A씨의 가족들에게 돈을 부치게 만드는 것이다. 이렇게 되면 A와 B가 기존에 부담하던 외화 송금 수수료가 없어지게 된다.

그동안 국내 핀테크 산업은 여러 가지 규제로 크게 성장하지 못했다. 하지만 최근 그 규제들이 하나 둘 풀어지고 있는 만큼 향후 핀테크 산업은 빠른 속도로, 다양한 형태로 발전할 것이다. 핀테크 스타트업에 도전하고 싶다면 개인들이 금융 거래를 하면서 어떤 불편함을 겪고 있는지, 또 외국에서는 인기를 끌고 있는데 우리나라엔 아직 없는 서비스가 무엇인지 주목해볼 필요가 있다.

3장

창업,
진짜 시작은
지금부터

'이제부터 웃음기 사라질 거야. 가파른 이 길을 좀 봐. 그래, 오르기 전에 미소를 기억해두자. 오랫동안 못 볼지 몰라.' 개인적으로 좋아하는 노래 가사의 한 구절로, 창업 초창기의 어려움과도 매우 닮아있다. 창업의 6단계까지 잘 따라왔다면, 고객의 마음을 사로잡는 제품을 내놓는 방법에 대해선 어느 정도 깨우쳤을 것이다. 하지만 진짜 시작은 지금부터다. 까도 까도 계속 나오는 양파껍질처럼 한 고비 넘겼다 싶으면 또 다른 고비가 찾아오기도 할 것이다. 우리는 이 과정을 충분히 인내하고 버틸 수 있는 정신력을 갖추고 있어야 한다. 길고 긴 여정을 눈앞에 둔 지금. 우리가 꼭 알고 가야 할 것들이 무엇인지 살펴본다.

연애 못 하는
놈이 사업도
못 한다

열정을 가득 품고 창업 시장에 뛰어들었지만, 1년, 3년, 5년을 버텨내는 기업이 많지 않다. 각자가 처한 환경이 다르고, 저마다의 사연이 있겠지만 그럼에도 불구하고 그 속엔 어떤 공통점이 있지 않을까 하는 생각이 들었다. 실제 여러 사례들을 놓고 분석한 결과, 실패한 스타트업들의 공통점으로 다섯 가지를 찾을 수 있었다. 창업은 결국 고객의 마음을 얻는 활동이기 때문일까. 신기하게도 스타트업의 실패 이유는 연애에 실패하는 이유와 같았다.

망하는 스타트업의 공통점

1. 특별한 매력이 없어서

2. 배려가 없어서

3. 집착해서

4. 만인의 연인이 되려고 해서

5. 너무 서둘러서

첫 번째는 기존에 나와 있던 다른 제품들과 별반 다를 것이 없어서다. 이렇게 되면, 당연히 고객들은 제품을 살 매력을 못 느낄 수밖에 없다. 연애를 할 때, 상대방의 마음을 얻기 위해 어떤 노력을 했었는지 생각해보자. 다른 사람에게 느껴지지 않는 자신만의 특별한 매력을 어필하기 위해 노력하지 않았던가? 나는 특별한 사람이고, 매력적이고, 놓치면 후회할 것이라고 생각하도록 끊임없이 자신의 가치와 매력을 표현하지 않았던가?

그렇게 상대방을 내 사람으로 만들기 위해 노력했듯, 제품을 만들 때도 내 고객으로 만들기 위해 노력해야 한다. 만약 기존에 나와 있는 제품과는 전혀 다른, 새로운 제품을 만든다면 그 시장을 독점할 가능성도 높아진다. '이런 사람은 세상에 절대 없다. 이 사람을 놓치게 된다면 정말 후회할 것이다'고 생각하게 되면, 결국 결혼으로 이어지고, 마침내 상대방을 독점하게 되듯이 말이다. 내가 '외식 주문중개 플랫폼' 시장에 뛰어들어 단기간에 96%의 시장 점유율을 차지할 수 있었던 것도 외식배달과 콜센터는 3D 직종으로 꼽혔던 탓에 누구도 뛰어들지 않았던 시장이었기 때문이다. 그래서 씨엔티테크의 등장은 시장에 신선한 충격을 주었고, 빠른 시간 안에 시장을 독식할 수 있었다. (창업에 대한 구체적인 스토리는 뒤에서 다시 다룰 예정이다.)

이렇듯 창업을 할 때는 남들이 하고 있는 것을 조금 다르게 하는 벤치마킹 전략을 쓸 것이 아니라 남들이 하지 않는 것을 해서 자신만의 고유한 영역을 구축해야 진짜 차별화를 이룰 수 있다.『마케팅 불변의 법칙』에 나오는 "더 좋은 것보다는 맨 처음이 낫다"는 선도자의 법칙 The Law of Leadership은 언제나 유효하다.

두 번째 실패 이유는 상대방에 대한 배려심이 부족하기 때문이다. 연애를 할 때 상대방의 입장에서 생각하고 배려하는 이상에겐 시간이 지날수록 더 깊은 애정을 느끼게 되지만, 반대로 상대방의 의견에 귀 기울이지 않고 항상 자기 입장만 고집하는 이성을 만나면 지치기 쉽다.

사업 아이템 또한 '우리의 고객이 누구고, 그들이 원하는 것이 무엇인가'에 초점을 맞춰야 하는데, 창업자 자신이 원하는 제품을 만들어 놓고 그것을 지나치게 신봉할 때 문제가 생긴다. 아무리 좋은 기술로 완성도 높은 제품을 만든다고 해도 그것이 고객이 원하는 제품이 아니라면 아무 소용이 없다. 잠재 고객들을 찾아다니며 그들이 진짜 필요로 하는 것이 무엇인지 들으려 하지 않고, 창업자의 일방적인 판단, 아집에 가까운 믿음에 의해 만들어진 제품은 실패할 수밖에 없다.

앞서 한 차례 언급한 바 있는 에디슨의 발명 이야기를 다시 살펴보자. 1869년 그가 처음 개발했던 의회 전기 투표기는 굉장히 획기적이고 뛰어난 제품이었지만, 투표가 빨리 이루어지는 것은 고객들의 니즈가 아니었기 때문에 실패작으로 남고 말았다. 그때부터 에디슨은 아무리 뛰어난 아이디어와 기술이 있더라도 고객이 원하지 않는 제품은 개발하지 않겠다고 결심했고, 현장을 직접 다니며 소비자들의 니즈를 정확히 파악한 뒤에 발명하기 시작했다.

고객의 니즈를 반영하지 않은 제품은 실패한다는 것은 예나 지금이나 다름없는, 변하지 않는 진리인 것 같다. 최근 미국 벤처캐피탈 전문 조사기관인 CB인사이트에서 발표한 보고서에도 스타트업이 실패하는 첫 번째 이유로 시장이 원하지 않는 제품을 만들기 때문이라고 지적한 바 있다.

세 번째 실패 이유는 집착이다. 연애할 때 가장 피곤하고, 또 피하고 싶은 상대가 집착하는 사람인 것처럼 말이다. 창업 강의를 나가면 항상 학생들에게 강조하는 것이 두 가지 있는데, 첫 번째는 고객의 니즈를 제대로 파악했는지 확인하는 시장 조사이고, 두 번째는 자신이 생각한 솔루션이 맞는지 확인하는 시장 조사다. 이것은 사업 아이템이 얼마나 시장성을 가지고 있는지 검증하는 작업으로 실패의 위험을 최소화하기 위해 필수적으로 거쳐야 하는 단계다. 그런데 많은 스타트업들이 이 단계에서 흔히 저지르는 실수가 있다. '아니오'라고 대답하는 고객의 부정적인 피드백을 받아들이지 못하고, 자신의 생각을 고수하는 것이다. 실패의 위험을 줄이기 위해 시장 조사를 진행하는 것인데, 많은 이들이 시장 조사를 '검증의 도구'가 아닌 '확증편향의 도구'로 이용한다. 자신이 듣고 싶은 이야기만 듣고, 그렇지 않은 이야기는 부정함으로써 자기 생각을 더욱 확고히 하는 것이다.

무언가 잘못되었다는 것을 깨달았다면 그동안 투자한 비용과 시간, 노력을 아까워하지 않고 새롭게 시작할 용기도 있어야 한다. 하지만 대부분은 그렇지 못하다. 이미 지출되었기 때문에 회수할 수 없는 비용을 경영학 용어로 매몰비용suck cost이라고 하는데, 보통은 "이미 지출한 비용이 아까워서라도 계속 해야 한다"는 논리에 빠진다. 또한 중도에 포기하거나 방향을 바꾸는 것은 마치 자신의 잘못을 인정하는 것만 같고, 그렇다고 다시 시작할 생각을 하니 눈앞이 깜깜하니 애써 현실을 외면하는 것이다.

매몰비용과 관련해 대표적으로 언급되는 사례는 초음속 여객기 '콩코드' 개발 사업이다. 1947년 초음속 전투기가 처음 개발된 뒤 미국, 영국, 프랑스 등 주요 선진국들은 이 기술을 여객기에 적용하기로 했다. 그런데 막상 개발에 착수하고 나니 여러 가지 문제점들이 쏟아졌다. 연료는 어마어마하게 드는데 승객은 100명 정도만 태울 수 있고, 소음 문제로 항로에 제약이 생기는 등 사업의 채산성이 맞지 않았던 것이다. 고심 끝에 미국은 초음속 여객기 개발을 포기했지만, 영국과 프랑스는 그동안 막대한 비용이 투자되었다는 점 등을 이유로 개발을 지속했고 1976년 본격적으로 운항을 시작했다. 그러나 결국엔 어마어마한 손실이 누적되면서 2003년 운항을 중단할 수밖에 없었다. 이렇듯 잘못된 아이디어에 '집착'해 매몰비용을 보상받으려 하는 것은 낭떠러지를 향해 달려가는 것과 다름없다.

네 번째 실패 이유는 만인의 연인이 되려는 욕심 때문이다. 다시 연애에 비유해보면, 한 사람에게 집중하지 못하는 것만큼 상대방을 힘들게 만드는 것은 없다. 만인의 연인이 되려고 하는 사람은 결국 진정한 사랑을 하지도, 받지도, 그래서 알지도 못할 가능성이 크다. 스타트업이 실패하는 원리도 동일하다. 처음부터 목표 시장을 너무 넓게 잡고, 이 사람 저 사람 모두에게 제품을 팔려고 하다 보니 결국엔 이도저도 아닌 게 되어버린다. 시장을 넓게 잡으면 경쟁해야 할 상대도 그만큼 많아질 수밖에 없기 때문이다. 자본도 인력도 부족한 스타트업이 초반부터 힘 뺄 일이 많아진다는 얘기다.

페이스북만 보더라도 처음엔 하버드대학교 재학생들만을 대상으로 시작했다. 그것이 성공을 거두면서 인근 아이비리그 대학으로 확대됐고, 점차 미국 대학생으로, 미국 전체로, 전 세계로 번져나가며 성장했다. 만약 처음부터 미국 전체를 목표 시장으로 두고 접근했다면 거기에 드는 어마어마한 비용을 감당하지 못하고 무너지고 말았을 것이다.

또 다른 사례로 배달앱 '배달의 민족'을 들 수 있다. 지금은 TV 광고, 옥외광고 등을 하며 '국민 서비스'로 거듭나고 있지만 처음부터 이러한 대규모 광고 집행이 가능했을 리는 없다. 배달의 민족 김봉진 대표는 처음 사업을 시작할 때만 해도 굉장히 막막했다고 한다. 한 사람 한 사람에게 브랜드를 알리고 각인시켜야 하는데, 그 방법을 몰랐던 것이다. 이럴 때일수록 너무 멀리 내다보기보다 손에 잡히는 시장, 자신이 직접 발로 뛸 수 있는 시장에서 시작하는 것이 좋다고 판단해 지역과 나이, 성별로 시장을 세분화해서 홍보하는 전략을 펼쳤다. 연세대 후문에 사는 20대 여성들 사이에서 1위, 좀 더 넓혀서 신촌에서 1위, 더 열심히 해서 서대문구에서 1위. 이렇게 작은 시장을 타깃팅해서 점차 확대해가는 전략을 펼쳤고, 어느 순간 입소문을 타기 시작하더니 지금의 모습에 이르렀다.

창업에 실패하는 마지막 다섯 번째 이유는 너무 성급하기 때문이다. 내가 상대방을 좋아하는 것만큼 상대가 나를 좋아해주지 않는다고 해서 불안해하고, 성급히 몰아붙여서는 안 된다. 그것은 상대를 더 피곤하게 하는 일일뿐만 아니라 제대로 연애를 해보기도 전에 상대가 놀라서 도망갈 수 있다.

창업을 할 때도 성급하게 마음을 먹으면 일을 그르치기 쉽다. 회사가 안정되기도 전에 너무 많은 직원을 채용하는 것, 초창기부터 너무 많은 투자를 받는 것, 무리하게 돈을 쓰는 것, 성과를 내라고 직원들을 닦달하는 것 등을 예로 들 수 있다. 이 모두 자칫 잘못했다가는 회사를 위기에 몰아넣을 수 있는 행동들이다. 나 또한 25살에 사업을 시작했는데, 미숙하기도 했고 불안한 마음에 성급하게 굴었던 탓에 크게 실패했던 경험이 있다. 처음 설립했던 음성인식 솔루션 업체 SL2라는 회사는 초창기 기술력을 인정받으면서 수많은 투자자들로부터 엄청난 투자를 받았다. 그런데 그것이 발목을 잡아, 경영권을 잃고 쫓겨나야 했던 아픈 기억이 있다. 2003년에 씨엔티테크를 창업해 재기를 노렸을 때도 회사의 역량에 비해 너무 많은 직원들을 고용해 경영의 비효율성을 초래했고, 폐업 직전까지 가기도 했다.

이렇듯 스타트업을 창업할 때는 '속도 조절'이 필요하다. 과도한 열정이 자칫 일을 그르칠 수 있다는 점을 이해하고, 어떤 결정을 할 때는 한 발자국 떨어져서 신중하게 생각하는 시간을 가져야 한다.

수많은 기업들의 성공 스토리를 읽고 배우는 것도 중요하지만, 실패한 기업들의 원인을 찾아보고 타산지석으로 삼는 것도 매우 중요한 작업이라고 생각한다. 때로는 성공의 이유보다 실패의 원인에서 더 많은 것을 배울 수 있기 때문이다. 그래서일까. 매년 실리콘밸리에서는 '실패 컨퍼런스Fail Conference 2.0'이라는 행사가 열리고 있고, 이 행사를 통해 수많은 스타트업들의 실패담을 공유하고 배우고 있다고 한다. 실패는 성공의 어머니라는 진부한 표현을 굳이 쓰지 않더라도 실패는 성공의 아주 중요한 밑거름인 것은 분명하다. 스타트업에 도전하는 창업자 또한 위에서 제시한 다섯 가지 실패의 함정에 빠지지 않도록 끊임없이 스스로를 뒤돌아보며 점검해야 할 것이다.

경험하라.
인내하라.
그릇을 키워라.

─────────

        기업을 경영하면서 가장 중요한 것이 무엇이냐고 묻는다면, 단연 '기업가 정신'이라고 대답할 것이다. 하지만 이렇게 대답하면, 몇몇 사람들은 고개를 갸우뚱 한다. 사실 기업가 정신은 매우 포괄적이고 애매모호한 개념이기 때문이다. 내가 생각하는 기업가 정신을 한 마디로 표현하자면 '어떤 어려움과 역경에도 굴하지 않고 전진하는 힘(정신력)'을 의미한다. 기업 경영은 화려하고 거창한 일보다 아주 사소하고, 고되고, 힘든 일이 더 많기 때문이다. 작게는 짜증나는 서류 정리부터 제품 판매, 홍보, 투자자 유치 등 모두 CEO가 발로 뛰어서 이뤄내야 하는 것들이다. 특히 "시련은 있어도 실패는 없는 거야", "이봐 해봤어?"라는 고故 정주영 현대그룹 회장의 말은 어떤 어려움에도 굴하지 않고 묵묵히 걸어 나가는 실천적 기업가 정신을 가장 잘 표현한 말이기도 하다. 또한 정주영 회장은 조선소도 갖추지 못한 상태에서 선박 수주를 따낸 일화로 유명한데, 한국의 기업가 정신을 이야기할 때 가장 대표적인 사례로 회자된다. 물론 그가 살았던 고도성장기 시절과 지금은 시대적 상황이 매우 다르기는 하지만, 그때나 지금이나 시대가 요구하는 기업가 정신의 본질은 다르지 않을 것이다.

또 다른 사례를 살펴보자. 2015년 6월 기준 기업 가치 약 28조 원을 넘어선 세계 최대 숙박 공유 사이트인 에어비앤비Airbnb는 창업 초창기, 사업 모델에 대한 부정적인 평가로 투자를 유치하는데 거듭 실패했다. 신분이 불분명한 관광객에게 누가 쉽게 방을 내어주겠냐는 것이 투자자들의 반응이었다.

세계적인 커피 전문점인 스타벅스의 CEO 하워드 슐츠Howard Schultz 또한 자신의 책에서 "242명의 투자자를 만나면서 217번의 거절을 당했을 때, 나는 그냥 패배자가 아니라 패배자 중의 패배자였다"라고 회상한 바 있다.

만약 이들이 자신들 앞에 닥친 역경과 어려움에 굴복했다면 지금의 에어비앤비, 스타벅스는 존재하지 않을 것이다. 에어비앤비 창업자 브라이언 체스키Brian Chesky는 본인 인증 절차 등을 도입함으로써 안정성에 대한 문제를 해결해나갔다. 하워드 슐츠 또한 숱한 좌절 속에서도 자신의 뜻을 굽히지 않고 도전했으며, 결국 스타벅스로 전 세계 커피 시장의 판도를 바꾸었다.

그렇다면 이러한 강인한 기업가 정신은 선택받은 자들의 전유물인가? 물론 그렇지 않다. 우리는 이러한 기업가 정신을 배울 수 있고, 또 더욱 크게 키울 수 있다. 지금부터 '경험', '인내', '그릇'이라는 세 가지 키워드를 통해 기업가 정신을 함양하는 방법을 살펴보려 한다.

경험이 재산이다

21세기를 대표하는 기업가를 꼽을 때 빠지지 않는 인물이 바로 스티브 잡스다. 인류 역사상 최고의 발명품으로 손꼽히는 '아이폰'은 그의 대표적인 작품이기도 하다. 이러한 천재적 발상이 가능했던 것은 20대에 창업을 해서 50대에 이르기까지 약 30년간 수많은 문제를 해결한 경험과 내공이 있었기 때문이다.

1970년대 후반. 스티브 잡스는 당시 컴퓨터에 많은 문제가 있다고 생각했다. 대부분의 컴퓨터가 너무 비싸고 덩치가 커서 불편함이 많았기 때문이다. 잡스는 보다 작고, 사용법이 간편하며, 가격이 저렴한 컴퓨터를 만들자고 결심했다. 그렇게 해서 나온 컴퓨터가 애플 I과 애플 II였고, 개인용 컴퓨터 시대의 서막을 열었다. 만약 그가 기존 컴퓨터에 대해 문제를 제기하지 않았다면, 역사는 다르게 흘러갔을 지도 모른다.

또 다른 에피소드도 있다. 1985년, 스티브 잡스는 자신이 만든 회사에서 쫓겨나는 굴욕을 겪게 된다. 그가 전문 경영인으로 영입했던 존 스컬리와의 갈등이 문제였다. 잡스와 스컬리는 사사건건 의견 충돌로 갈등을 겪었고, 결국 스컬리는 이사회를 소집해 스티브 잡스를 회사에서 쫓아내고 만다. 그것은 스티브 잡스가 만난 인생 최대의 시련이었다. 그때 그에겐 여러 가지 선택지가 있었다. 그동안 모은 돈으로 편하게 먹고 살자고 마음먹을 수도 있었고, 쫓겨난 것에 대한 자괴감을 느껴 방황과 우울의 날을 보낼 수도 있었다. 하지만 잡스의 선택은 달랐다. '넥스트'라는 컴퓨터 회사를 만들어 컴퓨터에 대한 연구를 이어가는 한편, 경영 부진으로 고전하던 '픽사'라는 애니메이션 영화사를 사들였다. 거기서 여러 가지 성과를 내게 되는데, 넥스트에서는 새로운 개념의 운영체제를 개발하는데 성공했고, 픽사에서는 '니모를 찾아서', '토이 스토리'와 같은 3D 애니메이션 장르를 새롭게 만들어내며 큰 성공을 거두었다. 이때의 경험은 향후 잡스가 애플로 돌아와서 어마어마한 상상력과 예술적 감성, 뛰어난 기술력을 토대로 아이팟, 아이폰, 아이패드 등 혁신적인 제품을 만들어내는데 결정적인 역할을 한다. 만약 쫓겨난 이후 아무 것도 하지 않은 채 시간을 보냈다면, 스티브 잡스의 기업가 정신은 키워지지 않았을 것이다.

한편 스티브 잡스는 직관을 중요시한 인물이기도 하다. 직관直觀은 '直(곧바로) 觀(있는 그대로 본다)'라는 의미로, 판단이나 추론을 거치지 않고 대상을 곧바로 인식하는 것을 뜻한다. 즉, 어떤 문제에 대한 해답을 얻기 위해 몇날 며칠 머리를 싸매고 고민하는 것이 아니라, 순간적으로 머릿속에 해답이 섬광처럼 떠오르는 것이다. 스티브 잡스의 이러한 직관을 키운 것 또한 8할이 '경험'이다.

스티브 잡스에 이어 이순신 장군도 기업가 정신의 좋은 본보기다. 사실 이순신 장군은 굉장히 평범했던, 어찌 보면 별 볼일 없던 청년이었다. 오랜 방황의 세월 끝에 32세가 돼서야 가까스로 시험에 합격해 군인 생활을 시작했고, 말단 수비 장교로 무려 14년 간 변방 오지를 전전했다. 하지만 이순신 장군은 자신이 어떤 위치에 있더라도 매 순간 최고의 경험치를 스스로에게 주고자 했다.

이순신 장군이 첫 임지로 함경도 산골오지에 발령을 받았을 때의 일이다. 변방 오지에 발령을 내니 화가 나기도 했을 것이고, 대충 설렁설렁 편하게 일하자고 마음먹을 수도 있었을 텐데, 이순신 장군은 여진족으로부터 침입을 막고 북방 수비를 튼튼히 할 수 있는 전술을 마련하겠다는 계획을 세웠다. 누군가는 '아무도 알아주지 않는데 왜 사서 고생이냐', '변방 오지의 일개 군인 나부랭이 따위가 그런 일을 할 수 있겠냐'라고 생각했지만, 이순신 장군은 항상 스스로에게 높은 목표를 부여하고 그것을 달성하기 위해 노력하는 사람이었다.

또 다른 임지에서는 조선의 무기 체계와 왜군의 무기 체계를 분석해 집대성하자는 계획을 세우고 실제 실행에 옮기기도 했다. 이러한 노력들이 당장 눈앞의 성과로 나타난 것은 아니었지만 이순신 장군의 경험과 내공으로 차곡차곡 쌓였고, 그것은 1592년 임진왜란이 터지면서 빛을 발하게 된다.

첫 해전인 옥포해전을 시작으로 한산도대첩, 명량해전, 노량해전에 이르기까지 약 7년간 23번의 해전을 치르게 되는데, 23전 23승이라는 전무후무한 기록을 남기며 임진왜란의 영웅으로 떠오른 것이다. 이는 동서양을 막론하고 유례를 찾아보기 힘든 기록으로, 특히 '한산도 대첩'은 세계 4대 해전으로 손꼽힐 만큼 아주 유명한 해전으로 기억된다. 12척의 배로 133척의 왜군을 물리친 '명량해전'에서도 그는 뛰어난 전략가로서의 면모를 톡톡히 보여주었다.

스티브 잡스와 이순신 장군의 사례에서 보듯, 위대한 인물은 처음부터 타고나는 것이 아니라 점차 진화된다는 진화론적 관점에서 보는 것이 옳다. 이들 모두 어릴 때부터 꾸준히, 성실하게 남다른 경험을 쌓아왔고, 그것이 자양분이 되어 결국 남다른 성과를 이룰 수 있었다. 흔히 우리는 그 과정 속에 돋보이는 용기와 정신력 등을 두고 기업가 정신이 투철한 사람이라고 말한다. 결국 기업가 정신이란 어떤 '결과'를 뜻한다기보다 순간순간 최선을 다하는 과정 속에 있다고 볼 수 있다.

〈경험〉

경험과 내공이 쌓인 사람이 문제를 만났을 때

경험과 내공이 부족한 사람이 문제를 만났을 때

참을 인자 세 번이면 천하를 얻는다

'사람이 미래다'라는 어느 광고의 슬로건처럼 기업을 경영하는 것은 사람을 경영하는 것이기도 하다. 처음 창업을 했을 때는 하나부터 열까지 거의 모든 일을 혼자 감당하지만, 기업의 규모가 커질수록 점차 그 자리는 다른 사람들이 대신하게 된다. 그때 리더의 역할은 구성원들에게 회사의 비전을 공유하고, 함께 성장할 수 있는 기반을 만드는 것이다.

청나라 4대 황제이자 중국 역사상 최고의 성군이자 천고일제千古一帝, 천년에 한번 나올 만한 황제로 평가받는 강희제는 '사람 경영'을 잘 했던 리더로 손꼽힌다. 알다시피 중국은 한족이 주를 이루는 나라인데, 청나라는 만주족이 세운 나라였다. 만주족은 한족 인구의 1000분의 1에 불과한 데다 역사적으로 한족들의 멸시를 받으며 '변방의 야만인', '오랑캐'로 불렸던 민족이었다. 그러니 한족들에겐 만주족의 지배를 받는다는 사실 자체가 매우 자존심 상하고, 받아들이기 힘든 일이었다. 때문에 청 왕조 아래에서는 절대 관직을 받지 않겠다는 한족들이 생겨났고, 중국 각지에서 각종 반란도 끊이지 않았다.

강희제는 한족들의 지지를 얻지 못하면 청나라가 존속할 수 없음을 절감하고, 한족을 적극적으로 수용하는 정치를 펼쳐나갔다. 한족의 사상인 유교를 받아들이는 등 한족이 가진 좋은 문화를 적극적으로 배움으로써 한족과 만주족의 화합을 꾀했다. 능력이 있는 사람이라면 한족, 만주족 가릴 것 없이 편견 없이 등용했고, 자신을 반대하는 세력 중에 뛰어난 덕과 학식을 갖춘 사람이 있으면 삼고초려 이상의 노력을 기울여 자신의 사람으로 만들었다. 또한 그는 백성들의 삶에도 큰 관심을 기울였다. 백성들을 착취하려 드는 부패한 탐관오리들은 엄벌에 처했고, 치세가 계속될수록 세금을 올리긴 커녕 점점 감면함으로써 백성들의 삶을 안정시켰다. 이러한 강희제의 선정 덕분에 한족 백성들은 점차 청나라를 스스로 따르게 되었다. 강희제가 마련한 통치 기반 아래 청나라가 200년 넘는 시간 동안 존속할 수 있었던 이유이기도 하다. 특히 강희제부터 시작해 그의 아들, 손자인 옹정제, 건륭제까지 약 130여 년은 청나라 최대 전성기이자 태평성대의 시대로 손꼽힌다.

우리나라에서 이순신 리더십 열풍이 불었듯, 한때 중국 고위 관료들 사이에서 강희제 배우기 열풍이 분 적이 있다. 그들이 강희제의 리더십에서 주목한 것은 다름 아닌 '인내'였다. 사실 청나라 황제 정도 되면, 치세의 범위가 눈에 들어오지 않는다. 중국의 땅덩어리를 머릿속으로 한 번 그려보자. 여기저기서 일어나는 수많은 일들을 황제가 모두 알고 통제하는 것은 사실상 불가능하다. 한눈에 다 들어오지 않는 치세의 영역에서 태평성대를 이루려면, 결국 자신을 믿고 따르는 사람들이 많아야 한다. 툭하면 뒤통수 칠 기회만 노리고 있는 사람들을 곁에 두고서는 큰 뜻을 펼칠 수 없을 것이다.

강희제가 남긴 유명한 말 가운데 "참고, 참고, 참고 그리고 또 참으면 천하를 얻는다"는 말이 있는데, 어떤 일이든 인내심을 가지고 대하면 못 이룰 것이 없다고 보았다. 태평성대의 시대는 많은 것을 참고 감내했기 때문에 이룰 수 있었고, 그것이 결국 위대한 기업가 정신으로 발현되어 강희제는 중국 역사에서 존경받는 리더로 자리매김할 수 있었다. 기업을 경영하는 것도 이와 다르지 않다.

그릇이 큰 사람이 되어라

우리는 흔히 '그릇이 크다'는 말로 리더의 자질을 평가하곤 한다. 많은 것을 수용할 수 있고, 미래를 보는 혜안과 능력이 뛰어나며, 남보다 크게 생각하고 크게 베푸는 사람을 두고 '그릇이 큰 사람'이라고 이야기한다. 리더의 그릇만큼 기업이 큰다는 말처럼 그릇이 큰 리더가 이끄는 기업은 그만큼 더 성장하기 마련이다. 하지만 좋은 그릇은 절대 하루아침에 만들어지지 않는다. 오랜 시간 불가마 속에서 뜨거운 열을 견뎌야 단단하고 좋은 그릇이 만들어지듯, 그릇이 큰 사람이 되려면 오랜 시간동안 스스로를 갈고 닦는 끈기와 인내의 시간을 거쳐야 한다.

이를 대표하는 인물로 4세기 고구려의 왕이었던 소수림왕을 꼽을 수 있다. 백제가 전성기를 이루던 4세기, 소수림왕의 아버지였던 고국원왕은 백제의 침략으로 화살을 맞고 전사한다. 아버지가 죽자마자 소수림왕이 왕위를 잇게 되고, 그 즉시 소수림왕은 부하들에게 들판에서 싸움을 벌이는 야전이 아닌 성을 둘러싸고 전투를 벌이는 공성전으로 전략을 바꾸라고 지시했다. 사실 아버지 고국원왕이 야전을 고집했던 것은 고구려의 자존심 때문이었지만, 전력이 상대적으로 약한 상황에서는 야전보다는 공성전을 해야 훨씬 유리하게 싸움을 이끌 수 있었기 때문이다.

그러자 이번엔 백제군이 가만히 있지 않았다. 고국원왕의 시신을 훼손하는 등 협박을 하며 다시 성문을 열기를 재촉했던 것이다. 몇몇 신하들은 아버지 시신을 버려두고 공성전을 벌이는 소수림왕을 두고 비겁한 겁쟁이라고 비난했지만 소수림왕은 끝끝내 문을 열지 않았다. 당장의 자존심보다 현실적인 상황과 고구려의 미래를 생각했기 때문이다. 그때 문을 여는 것은 고구려를 패망시키겠다고 작정하고 덤벼드는 꼴밖에 되지 않았다.

그렇게 오랜 시간 공성전을 벌인 끝에 마침내 백제가 물러났고, 소수림왕은 그때부터 치밀한 복수를 계획한다. 하지만 안타깝게도 당시 고구려가 가진 힘으로는 10년이 지나도 백제를 이길 수 없다는 것을 깨닫는다. 일단 내부 체제를 정비해 나라의 힘을 기르는 것이 우선순위라고 판단한 그는 삼국 중 가장 먼저 불교를 받아들여 국가 안정을 꾀했고, 최초의 국립 교육기관인 태학을 세워 인재를 양성했다. 그렇게 고구려가 전성기를 다시 되찾기까지는 꼬박 100년의 세월이 걸렸다. 소수림왕이 갖춰놓은 사회적 기반을 바탕으로 광개토대왕이 본격적으로 영토 확장에 나서기 시작했고, 그 다음 장수왕에 이르러 백제를 함락시키고 왕을 죽임으로써 복수의 마침표를 찍은 것이다. 100년을 내다본 준비는 고구려의 정치·사회·문화적인 전성기를 이루는데 크게 기여하며, 복수 그 이상의 것을 이루었다.

소수림왕의 사례를 기업가 정신의 관점에서 다시 생각해보자. 앞서 CEO의 가장 중요한 역할 중 하나가 비전 수립이라고 강조한 적이 있다. 비전 수립은 중장기적인 관점에서 미래를 내다보고 기업이 가야할 길을 그리는 것인데, 그릇이 큰 기업가들은 기본적으로 10년을 내다보고 비전을 세운다. 신규 사업을 진행할 때도 10년 후 자신이 유리한 위치에 설 수 있는 사업이라고 판단될 때 베팅을 한다. 사실 10년의 시간을 두고 점진적으로 어떤 일을 이룬다는 것은 굉장히 어려운 일이다. 강산도 변한다는 10년의 세월 안에는 무수히 많은 불확실성이 존재하고 있기 때문이다. 때문에 기업가에게는 미래를 좀 더 멀리 내다보고, 크게 생각하면서도 시간의 불확실성과 무수한 변수를 감내해내는 '큰 그릇'이 필요한 것이다.

SK그룹 고故 최종현 회장도 '그릇이 큰 사람'으로 대표되는 인물이다. 1994년 최종현 회장은 한국이동통신을 4,000억 원이 넘는 가격에 인수하기로 결정했다. 당시 임원들은 터무니없이 높은 가격이라고 인수를 반대했지만, 최 회장은 정보통신이야말로 미래의 핵심 산업이므로 당장의 손실과 타격이 크더라도 무조건 인수를 해야 한다고 고집했다. 또한 10년 이내에 이 사업을 통해 1~2조 원의 이익을 낼 수 있다고 예상했다. 최 회장의 판단은 옳았다. 현재 SK의 모습을 보면, 당시 최 회장의 판단이 얼마나 결정적인 것이었는지 새삼 깨달을 수 있다. SK 텔레콤은 SK의 핵심 축으로서 큰 역할을 하고 있고, 유수의 글로벌 기업들과 어깨를 나란히 하며 세계 ICT 산업을 이끌고 있다.

이렇듯 그릇이 큰 사람은 항상 보는 시각이 넓다. 모든 사람이 A를 볼 때, 전혀 다른 B를 볼 줄 안다. 때로는 과감한 결정으로 주변 사람들을 깜짝 놀라게 한다. 당장 눈앞의 이익에 집착하기보다 더 먼 미래를 내다볼 줄도 안다. 일촉즉발의 위기 상황에서도 흔들림이 없고 침착하며, 마침내 그 위기를 극복해내는 사람이기도 하다. 따라서 훌륭한 기업가 정신을 갖추기 위해선 먼저 자신의 그릇을 키워야 하며, 큰 그릇을 갖추기 위해 노력하는 것이야말로 기업가 정신의 요체라고 할 수 있다.

창업의
산을
넘고 넘어

사람들은 성공한 CEO들의 화려한 성공과 스토리에 주목하지만, 사실 그 이야기를 뒷받침하고 있는 일상은 생각만큼 화려하지 않다. 하나의 기업을 이루고 있는 것은 아주 사소하고 평범한 일들이다. 페이스북 CEO인 마크 주커버그Mark Zuckerberg는 '우리는 그저 6년 동안 열심히 코딩만 했을 뿐이다'라고 말한 바 있으며, 인스타그램의 CEO인 케빈 시스트롬Kevin Systrom은 '회사는 제품 개발 50%와 각종 서류 관리와 같은 수많은 잡무 50%를 통해 세워진다'고 말한 바 있다. 이 말들이 뜻하는 바는 무엇일까? 결국 다른 사람이 이룬 성공이라는 화려한 껍데기를 보고 환상을 품고서 창업에 뛰어들어서는 안 된다는 이야기다.

내게도 다윗을 이긴 골리앗, 성공한 청년 사업가라는 쑥스러운 수식어가 따라붙곤 하지만, 생각해보면 창업 후 매일같이 했던 것은 직원들과 같이 콜센터에서 전화를 받는 일이었다. 목이 터져라, 귀가 뜨거워질 만큼 하루 종일 피자 주문을 받다 보면, 내가 CEO인지 피자 가게 아르바이트생인지 헷갈릴 정도였다. 치킨 시장을 개척할 땐 치킨 가맹점들을 찾아다니며 생닭을 손질하기도 했고, 배달이 늦어 화가 난 고객에게 쌍욕을 듣고서 차 안에서 펑펑 울기도 했다. 꿈꿔왔던 화려한 성공과는 달리 자존감이 바닥으로 떨어지는 날도 있었고, 재정 악화로 노숙자 신세로 전락할 위기를 맞은 적도 있었다.

이번 장에서 내가 지난 15년간 겪어왔던 일들을 풀어놓는 이유는 '이만큼 고생했다'고 자화자찬하기 위한 것은 절대 아니다. 오히려 창업의 평범함과 고난함을 허심탄회하게 보여주고 싶어서다. 또한 이 에피소드를 통해 기업을 경영할 때 참고할 만한 어떤 메시지를 얻어간다면 더 없이 좋을 것 같다. 각자 처한 상황에 따라 서로 다른 위기를 겪겠지만, 사람 사는 게 다 똑같다고 하듯이 기업을 경영하는 것도 본질적으로는 같은 부분들이 많기 때문이다.

첫 번째 위기와 극복

2003년 씨엔티테크를 세우며 사업을 시작했던 나는, 얼마 지나지 않아 군 입대 문제에 부딪혔다. 그동안 어머니가 사업을 맡아주시기로 했고, 어머니가 회사를 잘 운영하실 수 있도록 모든 것을 매뉴얼로 만들어 인수인계 했다. 지금 생각하면 참 어리석은 생각이지만, 그 당시엔 내가 적어놓은 것에서 크게 벗어나는 일은 없을 것이라 생각했다.

군 생활은 생각보다 힘들지 않았다. 아니, 오히려 재밌었다. 내 전공과 특기를 살려 전산특수사관으로 입대했던 덕분에 일에 대한 감각도 잃지 않을 수 있었다. 전산특수사관은 육군본부나 국방부에 필요한 프로그램을 개발하는 장교였다. 하지만 그보다 더 좋았던 것은 군대라는 조직 속에서 느꼈던 의리와 정情의 문화였다. 사실 씨엔티테크를 세우기 전에 카이스트 학내 벤처로 SL2라는 음성인식 솔루션 업체를 만든 적이 있었다. 2년 만에 연 매출 50억 원을 달성하는 등 달콤한 성공을 맛보았지만, 투자자들과 믿었던 회사 동료들로부터 배신을 당하며 경영권을 잃고 쫓겨나고 말았다. 그때의 일이 트라우마가 되어 사람을 경계하고 좀처럼 믿지 못하던 나였지만, 군대는 달랐다. 그곳엔 그동안 느껴보지 못한 진한 동기애와 의리, 정과 따뜻함이 있었다. 과거에 받은 상처들이 군 생활을 통해 모두 치유되는 느낌이었다. 나는 완전히 군 생활에 몰입했고, 회사 문제는 까마득히 잊어버리고 말았다.

그러던 어느 날, 모처럼 휴가를 얻어 회사로 향했다. 문제없이 잘 돌아가고 있을 것이라 생각했지만, 무슨 이유에선지 회사 분위기는 매우 가라앉아 있었다. 아니나 다를까, 아주 충격적인 소식이 나를 기다리고 있었다. 경리부장의 말에 의하면, 회사가 거의 파산 직전이라고 했다. 두 귀로 똑똑히 듣고도 믿기 어려웠다. 혼미한 정신을 가다듬고, 말을 이어나갔다.

"그동안 무슨 일이 있었던 건지 하나도 빠짐없이, 솔직하게 말씀해주세요."

경리부장은 잠시 침묵을 지키더니, 잔고 400만 원이 찍힌 통장을 조

용히 내밀었다.

"네가 입대하고 나서 얼마 지나지 않아서부터 회사는 매달 5,000만 원씩 적자를 보기 시작했어. 무엇이 문제인지는 잘 모르겠지만 말이야. 어쨌든 어머니는 적자를 메우려고 집안의 모든 재산을 담보로 대출을 받았고… 그래서 현재 안고 있는 빚이… 무려 8억이야."

나는 벌어진 입을 다물지 못했다. 충격적이었지만, 화가 나기보다 죄송한 마음이 더 컸다. 어머니는 군 생활을 하는 내게 걱정을 끼치고 싶지 않아서 어떻게든 혼자 수습해보려 했을 것이다. 이 무거운 짐을 지고, 힘든 내색 한 번 안 하셨던 어머니를 생각하니 가슴이 지릿해졌다. 나 편하자고 어머니께 무거운 짐을 지우고, 도망치듯 군대로 온 것은 아니었는지 죄책감도 들었다.

"부모님이 살고 계신 집만 지금 담보가 안 잡혀있어. 오갈 데 없는 노숙자 신세로 전락하기 싫으면, 지금이라도 빨리 폐업 신고하는 게 좋을 거야. 빚 돌려막기 식으로 운영하는 것도 이제 한계야."

경리부장은 하루 빨리 폐업하라고 권유했다. 이미 수습하기엔 시기적으로 너무 늦은데다, 군인이라는 신분으로 회사를 운영할 수도 없지 않겠냐는 것이었다. 게다가 제대하기까지 남은 시간은 무려 일 년 반이었다. 모든 상황이 내게 불리했지만, 그렇다고 어떤 시도도 해보지 못하고 회사를 포기할 수는 없었다. 회사가 어려운데도 끝까지 버텨준 직원들을 배신하고 싶지도 않았다. 염치없었지만, 어머니께 조금만 더 버텨달라고 부탁할 수밖에 없었다. 결국 유일하게 남은 집을 담보로 잡아 1억 원을 더 대출받았고, 남은 시간동안 직원들의 월급을 해결하기로 했다. 그것은 내게 마지막 배수진이었고, 내가 할 수 있는 최선의 선택이기도 했다. 제대로 하면, 모든 것을 원상복구 해놓으리라 다짐했다.

그날 이후 군 생활은 가시방석에 앉은 것처럼 하루하루가 불안했다. 도대체 무엇 때문에 회사가 그 지경에 이른 것일까? 내가 작성한 매뉴얼에 무슨 문제가 있었던 것일까? 도대체 그동안 무슨 일이 일어났던 것일까? 하루가 정말 일 년처럼 길게 느껴졌다. 그나마 다행인 것은 육군본부에서 장교로 군 생활을 하고 있었기 때문에 주말에는 시간을 낼 수 있다는 사실이었다. 나는 주말이면 회사로 달려가 그동안 확인하지 못했던 각종 서류들을 뒤지며 회사가 위기에 처한 이유를 파악했고, 직원들과 함께 주문 전화를 받아보기도 했다.

사실 처음엔 문제가 명확히 보이지 않았다. 내가 처음 맞닥뜨린 문제는 '8억 원의 빚'과 '적자 상태의 운영'이었지만, 이렇게 문제를 정의해서는 해결 방법이 서지 않았다. 문제가 너무 포괄적이고 막연했던 탓이다. 잘 정의된 문제는 해결 방향을 가늠할 수 있을 만큼 명쾌하고 명확해야 했다. 나는 문제점에 대해 더 구체적으로 쪼개고 들어가기 시작했다. 적자가 된 원인 무엇인가? 고객사의 감소 때문인가? 가격 책정을 잘못했기 때문인가? 인건비의 과다지출 때문인가? 시스템의 문제인가? 문제를 구성하고 있는 요소를 쪼개서 심층적으로 분석하다보니, 점차 문제의 본질이 눈에 들어오기 시작했다. 그때 회사에는 총 세 가지 문제점이 있었다.

첫 번째 문제는 전화를 효율적으로 받을 수 없는 시스템에 있었다. 전화는 주문 전화와 주문 외 전화가 있는데, 주문 외 전화는 배달이 늦다, 피클이 없다 등과 같은 고객 불만 전화를 의미했다. 즉, 돈 되는 전화는 아닌 셈인데, 놀라운 것은 이 전화량이 무려 전체 전화의 40%를 차지한다는 점이었다. 처음 콜센터를 설계할 때는 미처 생각하지 못했던 부분이었다. 게다가 고객 불만 전화는 주문 전화보다 고객을 상대하는 시간이 길어질 수밖에 없었다. 설상가상 진상 고객으로부터 전화가 걸려오는 날에는 30분 이상 '죄송합니다'만 반복해야 하는 사태도 벌어졌다. 어떤 직원은 울면서 사무실 밖으로 뛰쳐나가기도 했고, 그들의 마음이 진정되어 돌아오기까지는 꽤 오랜 시간이 걸렸다. 이것은 분명한 문제였다. 어떤 전화가 주문 전화인지, 또 어떤 전화가 고객 불만 전화인지 미리 알 수만 있다면 좀 더 효율적으로 응대할 수 있을 것이란 생각이 들었다.

두 번째 문제는 과다한 인건비에 있었다. 외식업체 특성 상 점심시간과 저녁시간을 제외하면 주문이 한산한 편인데, 주문이 몰리는 시간대나 그렇지 않은 시간대나 동일한 인원이 앉아 있으니 인건비가 과다하게 지출될 수밖에 없었다. 그래도 혹시나 주문이 갑자기 몰릴 때를 대비해 최대 인원을 앉혀놓고 있었는데, 이러한 주먹구구식의 운영이 회사 재정을 위기 상황으로 몰아넣고 있었던 것이다. 이 문제를 해결하기 위해선 시간대별로 전화량을 예측해 인력을 효율적으로 운용할 필요가 있었다.

마지막 세 번째 문제는 시간 당 받는 주문 전화 건수가 너무 적다는 것에 있었다. 적어도 시간 당 15통은 받아야 손익분기점을 넘을 수 있는데, 직원 한 사람당 평균 8통을 받고 있으니 적자가 계속될 수밖에 없었다. 게다가 오랫동안 근무할수록 시급을 올려주는 인사제도는 오히려 부작용을 낳고 있었다. 장기 근속자는 1시간에 평균 3-4통의 전화를 받을 정도로 나태해져 있었다. 설렁설렁 일하나, 열심히 일하나 시급은 같으니 열심히 일할 의욕이 서지 않았던 것이다. 회사는 정말이지 온갖 문제를 끌어안고 있는 '종합 병원'의 상태였다.

〈표 12〉 문제와 해결방법

문제	해결방법
1. 비효율적인 전화 관리 시스템 2. 전화량을 예측하지 못해 생기는 　과다한 인건비 3. 시간 당 처리하는 전화 건수가 　매우 낮음	1. 주문 전화와 주문 외 전화의 분리 2. 전화량을 예측해 시간대별 인력 재배치 3. 시간 당 받는 주문 전화 건수 높이기

이렇게 세 가지 문제를 노트에 적은 뒤, 다시 한 번 그것을 꼼꼼히 들여다보았다. 충격적인 결과였지만, 문제가 명확해지니 해결 방향도 어렴풋하게나마 세울 수 있었다. 머릿속에 끼어있던 뿌연 안개가 걷히는 느낌이었다. 문제도 알았고 방향성도 잡혔으니 이제부터 할 일은 거기에 맞는 적합한 해결책을 마련하는 것이었다.

첫 번째 문제를 해결하기 위해 가장 먼저 주문 전화와 주문 외 전화를 분리하는 기술을 개발했다. 보통 2번 이상 걸려오는 전화는 불만 전화일 확률이 높았고, 인터넷으로 주문을 한 사람이 전화를 걸어온다면 주문·배송에 대한 문의일 확률이 높았다. 주문한 지 40분 이상 지났는데 전화를 걸어온다면 십중팔구 배달 지연 항의 전화였다. 이러한 여러 가지 경우를 확률적으로 분석해서 주문 외 전화를 분리해내는 기술을 개발했는데, 전문용어로 표현하면 휴리스틱 알고리즘Heuristic Algorithm을 활용한 콜 라우팅Call Routing 기술이라 부른다. 이 기술을 토대로 조직에도 변화를 주었다. 파트타이머들에게는 주문 전화만 집중적으로 받도록 하고, 주문 외 전화는 CS 전담부서를 따로 만들어 정직원들에게 받도록 했다. 그리고 CS부서는 정직원들이 승진을 위해 꼭 거쳐야 하는 부서로 만들어 업무 성과를 평가했다. 아무래도 고객 불만 처리는 까다롭고 스트레스 받는 일이다 보니, 기피하는 직원들이 많았기 때문이다. 그런데 그렇게 조직에 변화를 주고 나니, 놀라운 일이 벌어졌다. 직원들은 불만 고객들을 더 잘 응대하기 위해 자발적으로 각종 매뉴얼을 만들기 시작했고, 개인별로 응대 스킬을 키우는 등 엄청난 변화를 보인 것이다. 정체되어 있던 회사 분위기 또한 점차 살아났다.

다음으로는 인건비 문제를 해결하기 위해 전화량을 예측하는 방법을 연구했다. 몇 년간 쌓아온 주문 데이터들을 모아서 분석하던 중 아주 재밌는 사실을 발견할 수 있었다. 비 오는 날, 축구 경기와 같은 스포츠 이벤트가 있는 날, 졸업식 등 행사가 있는 날은 상대적으로 주문 전화가 많아진다는 것이었다. 여기서 발견한 일정한 규칙들을 토대로 그날그날의 전화량을 예측하는데 성공했다. 강우량, 습도, 온도, 스포츠 이벤트 유무, 졸업식 유무, 전주/전월/전년 전화 건수 등을 변수로 정해놓고 확률 모델을 만든 것이다.(앞서 언급했던 WEKA 프로그램을 활용했다.) 그렇게 전화량을 예측한 다음엔 주문 전화를 받는 파트타임 상담사들로부터 각자 근무 가능한 요일과 시간대를 적어 제출하도록 했다. 그리고 최종적으로 주문 수요(전화량)와 상담사들의 일정을 매칭시켜 자동으로 근무 시간표를 생성하는 프로그램을 만들었다. 즉, 주문량이 많아질 것으로 예상되는 시간대에는 더 많은 상담사들이 근무하도록 하고, 그렇지 않은 시간대에는 최소한의 상담사만 남아있도록 시스템을 만든 것이었다. 이렇게 전화량에 따라 상담사들을 탄력적으로 배치함으로써 마침내 과도하게 지출되는 인건비를 줄일 수 있었다.

마지막으로 시간 당 받는 주문 전화 건수를 늘리는 문제가 남아 있었다. 첫 번째 문제 해결을 통해 파트타임 상담사들이 주문 전화만 받게 됐으니, 그들로 하여금 시간 당 15통 이상의 전화를 소화하도록 만드는 것이 관건이었다. 하지만 쉽지 않은 문제였다. 평균 8통을 소화하던 사람들에게 무슨 수로 15통 이상의 전화를 받게 할 것인가. 고민에 빠졌다. 나 같아도 돈은 똑같이 받는데, 2배 가까이 업무량이 늘어나면 반감만 생길 것 같았다. 그 순간, 좋은 아이디어가 떠올랐다.

'전화를 많이 받을수록 돈을 더 주는 성과급 제도를 도입하면 되잖아?'

주문 전화 한통 당 300원의 성과급을 매기면 계산이 얼추 맞아 떨어졌다. 시간 당 15통을 받으면 4,500원을 가져가게 되는데, 기존 시급이었던 4,000원 만큼 받으려면 직원들은 어떻게든 14~15통의 전화를 소화할 수밖에 없었다. 그렇다고 이것이 현장 분위기를 전혀 모르고, 막무가내로 밀어붙이는 결정은 아니었다. 일 년 가까이 주말마다 회사에 나와서 받아본 주문 전화가 무려 3만 통에 달했다. 경험적으로 봤을 때, 시간 당 20통 이상의 전화를 받는 것도 충분히 가능하다는 것이 내 생각이었다. 만약 25통의 전화를 받는다고 가정하면 시간 당 7,500원을 가져가는 셈이었다. 결국 열심히 해서 성과를 올리면 올릴수록 회사에도, 직원들에게도 이득이었다. 성과급 제도를 도입하지 않을 이유가 없었다. 누이 좋고 매부 좋고! 꿩 먹고 알 먹고! 님도 보고 뽕도 따고! 도랑치고 가재잡고였다!

흥분한 채로 나는 곧장 상담사들을 한자리에 불러 모았다. 이 기막힌 아이디어에 직원들도 환호할 것이 분명했다. 그런데 이게 웬걸! 환호의 소리가 나올 줄 알았던 사무실엔 고요한 정적만 흘렀다. 상담사들의 반응은 싸늘하기만 했다. 그들의 생각은 '전화를 많이 받을수록 돈이 올라간다'에 초점이 맞춰져있지 않고, '기존과 똑같이 8통을 받으면 2400원을 받는다'에 초점이 맞춰져있었다. 결국 '300원×전화 건수'로 돈을 주겠다는 제안은 '사장이 돈을 아끼려고 저런다'는 식으로 소문이 돌았다. 설상가상 사람이 곧 재산인 콜센터에서 상담사의 30%가 그만두는 사태가 발생했다. 경영의 효율성을 높이고, 열심히 일한 사람에게는 그만큼 정당하게 보상을 하겠다는 취지였는데, 이런 나의 마음을 알아주지 못하는 직원들이 야속하기만 했다. 어떻게든 오해를 풀고, 경영을 정상화시켜야 했다. 나는 직원들에게 내기를 제안했다.

"시간 당 몇 통의 전화를 받을 수 있는지 직접 실험해보죠. 시급과 성과급, 둘 중에 높은 금액을 여러분께 드리겠습니다. 시급을 받을 건지, 성과급을 받을 건지 여러분이 직접 선택할 수 있는 겁니다. 오늘 저보다 더 많은 전화를 받는 분껜 시간 당 만 원씩 보너스도 얹어 드리죠. 어때요? 내기 한 번 해볼까요?"

솔깃한 제안에 직원들은 동요하기 시작했다. 그렇게 나의 도발로 경기(?)가 시작됐다. 서로의 주문 건수를 확인할 수 있도록 콜센터 내부에 전광판도 설치했다. 숫자가 엎치락뒤치락 하며 올라가기 시작하자 회사 분위기는 순식간에 경마장처럼 후끈 달아올랐다. 모두 각자의 전화 건수를 올리기 위해 열을 올리기 시작했다. 1시간이 지난 후의 결과는 정말이지 놀라웠다. 나는 총 29통의 전화를 받았고, 뒤이어 27통, 20통의 전화를 받은 상담사들이 나타났다. 중간에 화장실에 갔다온 사람을 제외하고는 모두 20통 이상을 받았다. 시간 당 평균 7,000원 이상을 번 셈이었다. 생산성 또한 순식간에 3배 이상 뛰어올랐다. 한 시간 두 시간 지나고, 어느 정도 숙달이 되고 나서부터는 전화를 받는 건수가 더 많아졌다. 심지어 30통 이상을 받으며 시급을 만 원 가까이 가져가는 상담사들까지 나오기 시작했다. 성과급의 강력함을 증명하는 순간이었다. 더욱 놀라운 것은 그만둔 상담사들 때문에 전주 대비 30% 정도 인원이 적었음에도 불구하고 전주의 전화 응대율이 80%였다면, 이날의 응대율은 무려 99.8%에 달했다. 창사 이래 처음으로 적자에서 벗어나 돈을 번 날이기도 했다. 어느새, 내 볼엔 눈물이 타고 흘러내리고 있었다.

이렇게 세 가지 문제를 기반으로 만든 세 가지 해결책으로 죽어가던 회사를 극적으로 기사회생 시켰다. 그때부터 회사의 분위기도 180도 바뀌었다. 부정적인 생각과 패배의식에 젖어있던 직원들의 모습은 그 어디에도 없었다. 그날 이후 회사는 계속적으로 성장 곡선을 그리기 시작했고, 8억 원의 빚도 얼마 지나지 않아 모두 청산할 수 있었다. 이런 과정 중에 군 복무를 마치고 전역했고, 다시 기업가의 삶으로 몰입할 수 있었다.

두 번째 위기와 극복

세 가지 문제 정의와 해결을 통해 기술력을 확보하면서 고객사도 하나둘 늘어나기 시작했다. 전문 콜센터를 운영하면 개별 매장에서 응대하는 것보다 15~20% 정도 매출 향상 효과가 있다는 사실을 고객사 스스로 경험적으로 알게 되면서, 입소문이 퍼진 덕분이었다. 하지만 얼마 지나지 않아 또 다시 문제에 직면했다. KT라는 거대 기업이 시장에 진입하면서 새로운 경쟁자로 떠오른 것이다. 혹자는 다윗과 골리앗의 싸움이라고 표현했다. 확실히 부담스러운 경쟁자임에는 틀림없었지만, 그동안 뼈를 깎는 혁신을 통해 대기업에 뒤지지 않는 기술 경쟁력과 원가 경쟁력을 확보하고 있었기 때문에 두려울 건 없었다. 하지만 그렇다고 안심하고 있을 수만은 없었다. 대기업보다 자원도, 자본도 적은 중소기업은 늘 위기에 취약할 수밖에 없기 때문이다.

일단 시장의 파이를 키워 불필요한 소모전을 줄이는 것이 먼저라고 생각했다. 그때 눈에 들어온 것이 바로 치킨 시장이었다. 피자 시장보다 4배 이상 큰 치킨 시장을 장악한다면 회사 규모를 키울 수 있을 것이란 생각이 들었다. 하지만 치킨 시장은 난공불락이었다. 수많은 치킨 프랜차이즈 본사를 찾아가 봐도 콜센터가 필요하지 않다는 것이었다. 도대체 왜 그럴까? 나는 치킨 가맹점들을 돌아다니며 그 이유를 찾아보기로 했다. 그러던 중, 한 치킨 매장에서 아주머니와 아저씨가 생닭을 직접 가위로 자르는 장면을 목격했다. 손가락 마디관절에 손상이 갈 만큼 매우 고되고 힘든 작업이었다. 나는 너무 놀라 그들에게 물었다.

"아니, 프랜차이즈 본사에서 다 잘려진 상태로 닭을 보내주는 것 아니었나요?"

그들은 생각지도 못한 대답을 내뱉었다.

"요청하면 보내주죠. 하지만 그럴 경우 한 마리당 340원을 본사에 내야 합니다. 그 비용을 아끼려면 어쩔 수 없이 저희들이 직접 잘라야죠. 30마리만 해도 만 원이 훌쩍 넘는데… 어휴~ 일찍 나와서 준비하는 게 훨씬 낫죠."

그 순간 나는 치킨 시장이 열리지 않는 이유를 명확히 깨달을 수 있었다. 치킨 시장을 피자 시장과 똑같이 생각하고 달려든 게 화근이었다. 언뜻 보기에 두 시장은 매우 닮아 보이지만, 사실은 너무나도 다른 성격의 시장이었던 것이다. 생각해보면 피자 매장을 창업하는 사람들은 어느 정도 돈을 가지고 있는 사람들이 대부분이었다. 창업 비용만 기본적으로 5억 원 이상이 들어가고 아르바이트생도 10~20명 고용해야 하니, 작은 회사를 운영하는 것과 마찬가지였다. 하지만 치킨 매장은 아내가 닭을 튀기고 남편이 배달하는 전형적인 '생계형 창업'에 속했다. 누군가를 고용을 하는 것이 아니라 스스로가 원가인 사람들이 치킨 매장을 창업하는 것이다. 그러니 전화를 대신 받아줄 테니 얼마의 수수료를 내라고 하는 것은 340원이 아까워서 직접 닭을 자르고 있는 그들에겐 '가당치도 않은' 이야기였던 것이다.

그렇다면 치킨집 사장님들이 콜센터를 이용하는데 기꺼이 비용을 지불하게 하려면 도대체 어떻게 해야 할까? 나는 치킨집의 문제점을 좀더 깊숙이 이해하기 위해 이튿날부터 온 동네 치킨집들을 돌아다니며 사장님들과 이야기를 나누기 시작했다. 그러기를 약 한 달. 마침내 나는 치킨 시장이 가지고 있는 특유의 문제점을 하나 발견할 수 있었다. 치킨 매장은 아내와 남편이 함께 운영하는 것이 보통인데, 아내가 살림이나 육아 때문에 집에 들어가게 되면 남편은 아르바이트를 고용해 그 시간을 운영했다. 자신은 닭을 튀기고, 아르바이트생에게 배달과 전단지 배포를 맡기는 것이다. 하지만 아르바이트를 고용하는 시간대는 어떤 매장이든 예외 없이 적자를 보고 있다는 게 공통점이자 문제였다. 게다가 전단지를 착실히 붙여주는 아르바이트생을 찾기도 어려웠다. 자신이 직접 나서고 싶어도 몸이 열 개가 아니다보니, 그냥 믿고 맡기는 수밖에 없었다. 중요한 것은 이런 문제에 대해 어쩔 수 없이 감내해야 하는 것으로 인식하고 있다는 것이었다.

〈표 13〉 문제 정의

치킨 매장의 공통적인 문제
아르바이트를 고용하는 시간대에는 무조건 적자를 본다.

순간 머릿속이 번뜩였다. 콜센터 도입을 통해 이 문제를 해결해줄 수

있다면? 어쩔 수 없이 포기해야 하는 문제가 아니라는 것을 알려준다면? 그래서 결국 흑자 구조를 만들어준다면? 콜센터를 도입하지 않을 이유가 없었다. 나는 콜센터 도입의 당위성과 필요성을 직접 증명해보이기로 했다. 마침 집 근처에 저렴한 가격에 임대 매물이 하나 나와 있는 것을 발견했고, 한 달 간 준비 끝에 '치킨 쇼'라는 매장을 차렸다. 쇠뿔도 단김에 빼랬다고, 일사천리로 움직였다.

모든 주문은 콜센터에서 처리해서 내 휴대폰으로 전송하게 하고, 주문이 없는 오후 시간대에는 직접 밖으로 나가 전단지를 붙이다가 주문이 들어오면 매장으로 돌아와서 닭을 튀기고 배달을 했다. 전단지도 우편함에 성의 없게 넣어놓는 것이 아니라, 일일이 집 앞 대문에 붙였다. 20층 아파트 한 동을 뛰고 나면 땀이 비 오듯 흘러내렸다. 다리가 후들거렸고, 금방이라도 주저앉고 싶을 만큼 힘들었지만 뭔가 보여주겠다는 오기 하나로 버텼다. 그렇게 한 동씩. 그 다음엔 옆 동네. 이렇게 홍보 범위를 점차 넓혀가다 보니, 주문 건수도 조금씩 늘어나기 시작했다. 5개월 차쯤 됐을 땐 주문 전화가 폭주했다. 쉴 새 없이 휴대폰이 울렸다. 부득이하게 아내가 주말 피크타임에 세 시간 정도는 닭을 튀기는 것을 도와줬다. 당시 한 달 매출은 600~700만 원에 육박했다. 하루에 20~25마리 정도의 닭을 판매한 것이다. 아르바이트생을 고용하지 않고 혼자서 운영해서 번 돈이었기 때문에, 그 돈은 전부 내 주머니 속으로 들어왔다. 재료비와 임대료를 제외하고서도 꽤 많은 돈이 남았다.

이 경험을 바탕으로 다시 영업에 나섰다. 그리고 치킨 프랜차이즈 본사를 다시 찾아다니며 '대표번호 콜센터를 도입하면 아르바이트생을 고용하지 않고 혼자서도 충분히 매장을 운영할 수 있다. 수익성도 개선된다'는 것을 설명하면서, 내가 직접 치킨 매장을 운영했던 5개월간의 운영 데이터를 보여주었다. 결과는 백전백승이었다. 거래처는 급격히 늘어났고, 어떤 곳은 입찰 없이 제안을 받아들일 정도였다. 이것은 시장의 문제를, 실제 그들이 겪고 있는 문제를 정확히 파악하고 들어갔기 때문에 가능한 일이었다. 급기야 KT와 계약을 맺고 있던 업체들도 모두 우리 쪽으로 돌아서기 시작했다. 결국 KT는 더 이상 버티지 못하고 시장에서 철수하고 말았다. 그 이후 씨엔티테크는 시장 점유율 1위로 올라섰다. 다윗이 골리앗을 이긴 것이다.

이러한 노력을 기반으로 현재 씨엔티테크는 B2B 외식 주문중개 플랫폼 시장에서 96%의 점유율을 차지하고 있다. 총 80여개 브랜드, 34,000개 매장과 거래하고 있으며 연간 거래량은 2,500만 건, 거래액 수는 7,200억 원에 달한다. 치킨 시장을 열기 전까지만 하더라도 십여 개 정도의 브랜드만이 대표번호 콜센터 솔루션을 도입하고 있었는데, 치킨 시장을 개척한 이후에는 보쌈, 족발, 햄버거, 도시락 등 굉장히 다양한 외식 브랜드들과 계약을 맺을 수 있었다. 본격적으로 시장을 확대하기 시작한 것이다.

두 번째 위기를 통해 배웠던 것은 문제는 결국 현장에 있다는 것이었다. 수백 장의 보고서를 읽는 것으로, 몇 시간씩 컴퓨터 앞에 앉아 자료를 찾는 것으로, 경영학 책을 수백 권 독파하는 것으로 '문제'를 찾고 해결할 수 있다고 생각한다면 착각이다. 만약 내가 치킨 가맹점들을 직접 찾아가서 현장을 살펴보지 않았다면, 그들과 대화를 나누지 않았더라면, 또 직접 치킨 매장을 운영해보지 않았더라면 절대 문제를 해결할 수 없었을 것이고, 지금의 씨엔티테크를 만들 수 없었을 것이다.

이와 유사하게 혼다자동차 창업자 혼다 소이치로는 누구보다 현장의 중요성을 잘 알았던 사람이다. 그는 '현장現場에서 현물現物을 관찰하고 현실現實을 인식한 후에 문제 해결방안을 찾아야 한다'는 '3현주의三現主義'를 원칙으로 회사를 경영한 사람이기도 하다.

호랑이를 잡으려면 호랑이 굴에 들어가야 하듯, 문제를 찾으려면 문제가 존재하는 현장에 가야 한다. 아무리 머리를 쥐어짜내도 책상에 앉아서 얻은 생각은 탁상공론에 그칠 가능성이 크고, 그렇게 내린 결론은 결국 '자다가 봉창 두드리는 소리'밖에 안 된다. 사업은 절대 '글'로 배우는 것이 아니다.

세 번째 위기와 극복

두 번의 위기 외에도 수많은 위기들이 끝도 없이 찾아왔다. 그 중 또하나 기억에 남는 것은 2014년 8월 29일 생일에 있었던 일이다. 이날은 내 자존감이 바닥으로 떨어진 날이면서 동시에 새로운 문제를 정의하고 해결한 날이었다.

그날은 유난히도 바빴다. 서울과 대전을 오가는 빡빡한 일정 속에 무거운 이슈에 대한 전화 통화도 잦았다. 잠시 숨 돌릴 틈도 없었지만, 그나마 가족, 직원들을 포함한 소중한 사람들이 보내오는 생일 축하

메시지가 나를 버티게 하는 힘이었다. 점심 먹을 시간도 없어 휴게소에서 간단히 빵으로 요기를 하고 있던 찰나, 큰 딸에게서 문자 메시지가 왔다. 일찍 퇴근하면 케이크에 초도 불고, 맛있는 저녁도 같이 먹자는 문자였다. 마음 같아선 어떻게든 일찍 끝내보고 싶었지만, 그날의 살인적인 스케줄을 보니 절대 불가능했다. 애써 아쉬움을 뒤로 하며, 미안하다는 답장을 보냈다.

그렇게 하루 종일 정신없이 보내고, 이스라엘에서 온 손님과 마지막 미팅을 마치고 나니 밤 10시가 훌쩍 넘었다. 서둘러 집 앞에 도착한 시간은 밤 11시 50분.

'아이들은 벌써 자고 있겠지….'

그래도 생일이 지나기 전에 가족들의 얼굴을 볼 수 있겠다는 게 다행이라고 생각하던 순간, 모르는 번호로 전화가 걸려왔다. 왠지 모르게 느낌이 좋지 않았다.

"여보세…"

"씨XXXX!!"

전화를 받기가 무섭게 어떤 중년의 남성이 다짜고짜 소리를 치며 욕설을 퍼붓기 시작했다. 아닌 밤중에 홍두깨라고 거침없이 뱉어내는 육두문자에 나는 적잖이 당황했다. 자세히 이야기를 들어보니, 콜센터 직원의 실수로 한 시간 넘게 치킨을 받지 못한 고객이 화가 나서 전화를 건 것이었다. 화를 참지 못했던 그 고객은 담당자를 통해 내 휴대폰 번호를 알아냈고, 급기야 밤 11시 55분에 전화를 건 것이었다. 얼굴도 본 적 없는 누군가에게 오밤중에 욕을 듣고 있으니 화가 났지만, 명백

한 우리 회사의 실수였고, 고객을 상대로 화를 낼 수는 없는 노릇이었다. 욕설이 난무하는 고객의 전화에 나는 집에 들어가지도 못하고, 차 안에서 수도 없이 '죄송합니다'라는 말만 되풀이해야 했다. 그리고 그 고객과의 통화는 8월 30일 오전 1시 8분에 종료되었다. 전화를 끊고, 나는 1시간 넘게 꾹꾹 참아왔던 짜증과 좌절, 분노의 감정에 압도되어 눈물을 터뜨렸다. 자존심과 자존감이 완전히 지구 끝까지 떨어졌다. 그렇게 차 안에서 혼자 10분을 소리 내어 울었다. 아무리 고객이라도 내가 이런 취급을 받으면서까지 욕을 들어야 하는 것도 화가 났고, 이런 일 하나도 담당자 선에서 처리하지 못하고 내가 처리하게 만드는 상황에도 짜증이 났다. 다음날 아침 출근하자마자 실수를 저지른 직원들을 내 방으로 불러 크게 문책해야겠다고 생각했다.

하지만 이튿날. 이성의 끈을 되찾고 난 다음에는 생각이 조금 달라졌다. 어제와 같은 상황이 벌어진 이유가 조직의 시스템에 있었던 것은 아닐까 곰곰이 곱씹어봤다. 그리고 사건이 일어난 경위를 좀 더 자세히 알아보았다.

일단 상담사가 치킨 배달이 늦어지는 이유를 매장과 실시간으로 소통해서, 어떤 상황인지 고객에게 정확하게 얘기하고 이해시키지 못한 것이 화근이었다. '일단 기다려보라'는 말로 일관하는 상담사의 자세에 고객은 더욱 화가 날 수밖에 없었고, 도저히 해결될 기미가 보이지 않자 사장 전화번호를 알려달라고 한 것이었다. 결국 문제는 다음과 같았다.

〈표 14〉 문제 정의

사건이 발생하게 된 원인
– 상담사의 조기 대응 미흡 – 매장과 콜센터의 의사소통 문제 (매뉴얼의 문제)

　그때 나는 고객 불만이 접수될 경우, 상담사가 매장과 즉시 소통해 상황을 파악하고 고객 불만에 유연하게 대처할 수 있도록 새로운 매뉴얼을 만들었고, 그것을 전 직원들과 공유함으로써 유사한 사건이 재발되지 않도록 했다.

　또한 이 사건을 통해 나는 콜센터 직원들이 감정 노동으로 인해 겪는 스트레스에 대해 다시 한 번 생각하게 됐다. 이런 전화를 수도 없이 받아 왔을 직원들을 생각하니 너무 미안했고, 또 대단하게 느껴졌다. 그때부터 회사의 복지를 확대하고, 다양한 놀이 시설과 휴식 공간, 낙서판 등을 마련해 직원들이 힘들 때마다 '힐링'의 시간을 가질 수 있도록 했다. 그런데 만약 내가 분을 참지 못하고, 문제를 다음과 같이 정의했다면 어땠을까?

〈표 15〉 문제 정의

사건이 발생하게 된 원인
상담사와 관리자의 자질의 문제 (어처구니없는 실수를 저지른 상담사, CEO의 전화번호를 가르쳐준 관리자)

아마도 다음날 곧바로 상담사와 관리자를 불러 꾸짖는데 혈안이 되었을 것이고, 이날은 내게 굉장히 화나고 억울한 날로 기억되고 말았을 것이다. 이렇듯 문제를 어떻게 정의하느냐, 상황을 어떤 관점에서 바라보느냐에 따라 해결책은 완전히 달라진다.

또 다른 경우를 가정해보자. 모 대기업에 부품을 납품하는 한 중소기업의 CEO는 부쩍 불량품 생산이 많아지는 것을 발견했다. 사실 문제는 공정 시스템이 허술한 것에 있는데, 직원들이 성실하지 못한 것이 문제라고 생각해 매일 아침마다 직원들을 불러 윽박지르고 질책한다면 과연 어떤 결과가 벌어질까? 점차 조직을 떠나는 직원들이 많아질 것이고, 사람을 새로 뽑아도 오래 버티지 못하고 그만둘 것이다. 그런 직원들을 보면서 CEO는 '직원들이 불성실하다'는 기존의 생각을 더욱 강하게 신뢰할 지도 모른다. 이런 조직엔 절대 발전이 있을 수 없다. 머지않아 그 CEO는 폐업 신고를 하러 세무서로 향하는 자신을 발견할지도 모를 일이다. 문제가 아닌 것을 문제라고 생각하고 덤벼드니 악순환의 고리를 끊지 못하는 것이다.

따라서 우리는 하나의 현상을 보더라도 그 이면에 무엇이 있는지 볼 줄 알아야 한다. 자신이 인식한 문제가 진짜 문제인지 반복해서 검증하고 확인하는 연습을 해야 한다. 많은 기업의 CEO들이 문제가 아닌 것을 문제라고 믿고, 잘못 대처하는 경우를 많이 보았다. 정말 열심히 하는데 성과도 없고, 상황도 별 다른 진척이 없다면 자신이 정의한 문제가 틀렸다는 것을 가정하고 다시 한 번 문제를 들여다볼 필요가 있다. 물론 굉장히 어려운 작업이다. 그래도 다행인 것은 문제 정의도 습

관이고 기술Skill이라 반복해서 훈련하다보면 더 잘하게 된다는 것이다. 지난 8월 29일. 나는 상담사의 실수가 아닌 회사 전체 업무 프로세스에서 문제를 정의했고, 그것은 결국 회사에 작은 혁신을 가져다주었다. 만약 표면적으로 드러난 상담사의 실수에만 집중했다면, 기업엔 어떤 발전도 없었을 것이다.

〈보이는 것과 보이지 않는 것〉

우리가 보고 있는 것은 무엇이고,

우리가 보지 못하고 있는 것은 무엇인가?

지금 이대로 괜찮아?

　　최근 이스라엘에 방문할 일이 있었다. 그때 이스라엘의 한 대학 관계자가 말하길, 이스라엘에서는 똑똑하고 유능한 친구가 취업을 한다고 하면 도시락을 싸들고 말린다고 했다. "너 같이 똑똑한 애가 왜 취업을 해? 창업을 해야지! 그건 국가적으로 엄청난 손해야!"라고 말하면서 말이다. 그런데 재밌게도 우리나라의 상황은 정 반대다. 똑똑하고 유능한 친구들이 창업을 한다고 하면 도시락을 싸들고 말린다. "망하면 어쩌려고 그래? 인생 끝이야! 대기업이나 공무원이 최고지!!"라고 말한다. 그래서 대기업 입사 시험에 합격하거나 고시 시험에 합격하면 온 동네방네 플랜카드가 붙는 반면, 사업하는 남자에겐 딸을 줄 수 없어 결혼을 승낙 받지 못했다는 웃지 못할 이야기까지 나온다.

　　물론 사업하면 '개고생'하는 것은 맞다. 그럼에도 불구하고 창업은 취업보다 엄청난 매력이 있다고 생각한다. "나 어디어디 다니는데 말이야…"라고 어깨를 으쓱할 일은 당분간 없겠지만, 가슴으로 열망하던 것이, 자신이 직접 기획하고 고민했던 것들이 하나씩 하나씩 현실 세계에서 구현되는 것을 볼 때 느끼는 기쁨, 희열, 쾌감, 성취감, 뿌듯함 등의 감정은 말로 형언할 수 없을 만큼 크다.

내가 대학을 다니던 때보다 지금의 청년들은 훨씬 더 똑똑하고 능력이 있으며, 스펙 또한 어마어마하다. 하지만 그런 그들이 졸업 후 첫 직장을 갖는 데까지 걸리는 시간이 무려 12개월이라는 사실은 매우 충격적이다. 인턴 활동과 토익 고득점 등 소위 스펙 쌓기에 들어가는 시간이 1년인 셈이다. 그렇게 피 튀기는 준비 끝에 입사를 해도 '생각했던 것과 다른 현실'에 2년도 못 버티고 회사를 나오는 경우가 많다. 대학에서 강의를 하며 학생들과 직접 살을 부대끼고 있는 나로서는 안타까움이 더욱 크다. 다시 돌아오지 않을 꽃다운 청춘을 허비하고 있다는 생각이 크기 때문이다. 나는 그들이 스펙 쌓기에 공을 들이는 시간과 비용, 노력을 과감히 포기하고 좀 더 주체적이고 능동적으로 살아가는 데 투자했으면 한다. 스스로의 인생에 참된 주인이 되는 삶의 첫 번째 단추는 창업에 있다. 내가 10년 차 근속 직원들에게 사내 벤처 창업의 기회를 주고, 독립을 시키는 것도 그 때문이다. 평생직장의 개념이 사라진 100세 시대. 대학 졸업 후 당장은 아니더라도, 언젠가는 누구나 창업의 기로에 서게 될 것이다. 기왕 할 것이라면 한시라도 젊을 때 해 보는 게 좋지 않을까?

내가 25살일 때도 지금의 청년들이 하는 고민과 다르지 않은 고민을 했다. 동기들 중 절반은 대기업이나 외국계 기업에 취업했고, 또 다른 절반은 유학을 가거나 대학원에 진학해 교수의 길을 걷겠다고 했다. 어떤 길을 가든 승승장구, 탄탄대로, 안정적이고 성공적인 인생이 보장되어 있었다. 나는 그 갈림길 속에서 고민하기 시작했다. 그리고 스스로에게 물었다.

'이대로 괜찮아? 이게 진짜 니가 원하는 삶이야?'

그때 나의 가슴을 두근거리게 한 단어가 창업이었다. 누군가의 지시에 의해 움직이는 것이 아니라, 스스로 판단하고 결정하고 움직일 수 있다는 것이 매력적으로 다가왔다. 비록 내가 가려는 길이 아무도 가보지 않은 길이라 해도 계획을 세울 수 있는 일이라면 불가능한 일은 아니라고 생각했다. 그렇게 차근차근 지금까지 걸어왔고, 이렇게 책도 쓰게 되었다. 물론 폐업 위기까지 갔던 적도 있고, 눈물 젖은 빵을 먹었던 시절도 있었으며, 자존감이 바닥으로 떨어졌던 때도 있지만 단 한 순간도 창업이라는 선택을 후회해본 적은 없다. 만약 그때 '남들처럼' 취업을 했더라면 지금쯤 나는 무엇을 하고 있을까? 아마도 퇴직 걱정을 하고 있는 대기업의 엔지니어 쯤 되어있지 않을까?

이제는 여러분도 스스로에게 물어볼 차례다.

'지금 이대로 괜찮아?'

전화성의 스타트업 교과서

1판 1쇄	2015년 9월 10일
1판 3쇄	2021년 4월 29일

지은이	전화성
펴낸이	김승욱
편집	김승관 박가현 한지완
디자인	김이정 최정윤
마케팅	백윤진 채진아 유희수
온라인마케팅	김희숙 김상만 함유지 김현지 이소정 이미희 박지원
제작	강신은 김동욱 임현식

펴낸곳	이콘출판(주)
출판등록	2003년 3월 12일 제406-2003-059호

주소	10881 경기도 파주시 회동길 216 2층
전자우편	book@econbook.com
전화	031-8071-8677
팩스	031-8071-8672

ISBN	978-89-97453-58-0 03320

* 이 도서의 국립중앙도서관 출판예정도서목록(CIP)은 서지정보유통지원시스템 홈페이지
(http://seoji.nl.go.kr)와 국가자료공동목록시스템(http://www.nl.go.kr/kolisnet)에서
이용하실수 있습니다. (CIP제어번호: CIP2015023114)